U0725418

全国建设行业职业教育任务引领型规划教材

房地产公共关系应用

（房地产类专业适用）

主编　罗忠科　李文静

主审　周建华

中国建筑工业出版社

图书在版编目（CIP）数据

房地产公共关系应用/罗忠科，李文静主编. —北京：
中国建筑工业出版社，2010.7（2020.9重印）
全国建设行业职业教育任务引领型规划教材．
（房地产类专业适用）
ISBN 978-7-112-12229-5

Ⅰ.①房…　Ⅱ.①罗…②李…　Ⅲ.①房地产业-企
业管理-公共关系学　Ⅳ.①F293.3

中国版本图书馆 CIP 数据核字（2010）第 125251 号

本书是根据中等专业学校房地产公共关系应用教学大纲编写的，经住房和城乡建设部中等专业学校建筑与房地产经济管理专业指导委员会评审推荐。

本书内容包括四部分：基础知识，房地产公共关系实务，房地产企业公共关系礼仪，房地产企业公共关系文书。

本书既可作为房地产专业、也可作为职业技术学校其他专业使用教材。

* * *

责任编辑：张　晶　刘平平
责任设计：赵明霞
责任校对：刘　钰

全国建设行业职业教育任务引领型规划教材

房地产公共关系应用
（房地产类专业适用）
主编　罗忠科　李文静
主审　周建华
*
中国建筑工业出版社出版、发行（北京西郊百万庄）
各地新华书店、建筑书店经销
北京红光制版公司制版
北京建筑工业印刷厂印刷
*
开本：787×1092毫米　1/16　印张：11　字数：275千字
2010年9月第一版　2020年9月第四次印刷
定价：**25.00**元
ISBN 978-7-112-12229-5
（33481）

教材编审委员会名单

序　言

　　根据国务院《关于大力发展职业教育的决定》精神，结合职业教育形势的发展变化，2006 年底，建设部第四届建筑与房地产经济专业指导委员会在建筑经济管理、房地产经营与管理、物业管理三个专业中开始新一轮的整体教学改革。

　　本次整体教学改革从职业教育"技能型、应用型"人才培养目标出发，调整了专业培养目标和专业岗位群；以岗位职业工作分析为基础，以综合职业能力培养为引领，构建了由"职业素养"、"职业基础"、"职业工作"、"职业实践"和"职业拓展"五个模块构成的培养方案，开发出具有职教特色的专业课程。

　　专业指导委员会组织了相关委员学校的教研力量，根据调整后的专业培养目标定位对上述三个专业传统的教学内容进行了重新的审视，删减了部分理论性过强的教学内容，补充了大量的工作过程知识，把教学内容以"工作过程"为主线进行整合、重组，开发出一批"任务型"的教学项目，制定了课程标准，并通过主编工作会议，确定了教材编写大纲。

　　"任务引领型"教材与职业工作紧密结合，体现职业教育"工作过程系统化"课程的基本特征和"学习的内容是工作，在工作中实现学习"的教学内容、教学模式改革的基本思路，符合"技能型、应用型"人才培养规律和职业教育特点，适应目前职业院校学生的学习基础，值得向有关职业院校推荐使用。

建设部第四届建筑与房地产经济专业指导委员会

前　言

本教材是根据中等专业学校房地产管理专业的教育标准、培养方案和本课程的教学大纲编写的。在编写模式上打破了过去依据学科体系编排的思路，采用任务引领型的编写模式，即以任务目的作为引导，以预先设定的任务背景为依托，将房地产公共关系的各项技能要求设定为一项项具体任务，根据完成任务的步骤组织教材内容。

本教材共设有九项任务，包括：公共关系概述、房地产公共关系职业道德规范及相关法规、沟通协调、房地产公共关系信息传播、房地产公共关系的调查与评估、房地产公共关系活动管理、房地产市场开拓与销售、接待礼仪、社交礼仪文书。在编写中，着眼于中等职业素质教育，坚持从教学的实际需要出发。全书结构科学合理，体例规范一致；以实用为主线，较好地突出了知识点、能力点、侧重点，形成"基础、提高、应用"三个层次；概念准确明晰，知识系统无误，例证逻辑性强；言简意赅，平实易懂，通顺流畅；尤其是能从房地产角度去探讨公共关系，是本书一大特色，体现出较强的针对性、实用性、职业岗位性、实践性和创新性，适合中等专业学校学生阅读。

本教材由攀枝花市建筑工程学校罗忠科、李文静主编，郭群、宋长琼、刘东立参编。全书由主编统稿定稿。

本教材在编写过程中，参阅了有关论著、教材和资料，在此深表谢意。本教材由上海市房地产学校周建华主审，对书稿提出了许多宝贵意见，在此表示衷心的感谢。

由于本书尝试性地采用了任务引领型教材的编写模式，加之编者的水平有限，书中难免有错漏之处，敬请读者给予批评指正。

目录
CONTENTS

第一部分 基 础 知 识

任务1 公共关系概述 ……………………………………………………………… 1

过程1.1 公共关系的含义和特征 ……………………………………………… 1

1.1.1 公共关系的含义 ……………………………………… 1

1.1.2 公共关系的特征 ……………………………………… 3

过程1.2 公共关系的构成要素 ……………………………………………… 4

1.2.1 公共关系的主体 ……………………………………… 5

1.2.2 公共关系的客体 ……………………………………… 5

1.2.3 公共关系的手段 ……………………………………… 5

过程1.3 公共关系的职能 ……………………………………………… 6

1.3.1 收集信息 ……………………………………… 6

1.3.2 咨询建议 ……………………………………… 6

1.3.3 参与决策 ……………………………………… 7

1.3.4 协调沟通 ……………………………………… 7

1.3.5 教育引导 ……………………………………… 8

1.3.6 树立形象 ……………………………………… 8

过程1.4 公共关系的工作程序 ……………………………………………… 8

1.4.1 公共关系调查 ……………………………………… 9

    1.4.2 公共关系策划 ······························· 11

    1.4.3 公共关系方案的实施 ···················· 13

    1.4.4 公共关系评估 ······························· 15

任务2 房地产公共关系职业道德规范及相关法规 ················· 17

  过程2.1 房地产从业人员应具备的公共关系素质 ··········· 17

    2.1.1 专业知识 ······································· 17

    2.1.2 心理素质 ······································· 17

    2.1.3 工作能力 ······································· 18

    2.1.4 公关意识 ······································· 19

  过程2.2 房地产公共关系职业道德准则 ·················· 20

    2.2.1 职业道德准则的含义 ···················· 20

    2.2.2 职业道德准则的内容 ···················· 20

  过程2.3 房地产公共关系的法律要求 ···················· 23

    2.3.1 《中华人民共和国物权法》的相关知识 ········· 23

    2.3.2 《中华人民共和国合同法》的相关知识 ········· 24

    2.3.3 《中华人民共和国反不正当竞争法》的相关知识 ··· 24

    2.3.4 《中华人民共和国消费者权益保护法》的相关知识 ··· 24

    2.3.5 涉外经济法的相关知识 ·················· 25

    2.3.6 《中华人民共和国著作权法》的相关知识 ········· 25

    2.3.7 《中华人民共和国广告法》的相关知识 ········· 25

    2.3.8 《中华人民共和国劳动法》的相关知识 ········· 26

    2.3.9 国家有关新闻出版、信息传播等方面的法规 ······· 26

第二部分 房地产公共关系实务

任务3 沟通协调 ··· 28

  过程3.1 接待联络 ······································· 29

    3.1.1 接待活动基本程序 ······················ 29

    3.1.2 电话接待联络基本程序 ·················· 32

  过程3.2 公众关系处理 ······························· 33

    3.2.1 公众问讯处理 ··························· 33

    3.2.2 与主要内外公众的事务性联系 ············· 34

  【案例1】 ××市某房地产建设项目沟通协调计划 ········· 34

任务4 房地产公共关系信息传播 ························· 37

  过程4.1 组织信息传播 ······························· 38

4.1.1 大众传播媒介的基本类型和特点 ···································· 38
4.1.2 与媒介交往的原则和方法 ·· 41
4.1.3 信息资料的收集 ·· 44
过程4.2 新闻发布 ··· 46
4.2.1 新闻发布的准备 ·· 46
4.2.2 新闻发布会的程序 ·· 49
4.2.3 新闻发布稿的写作 ·· 50
过程4.3 新闻稿的结构和撰写要求 ··· 54
4.3.1 新闻稿的结构 ·· 54
4.3.2 新闻的导语、主体和结尾 ·· 56
4.3.3 新闻的类型 ·· 57
4.3.4 撰写新闻稿的其他相关知识 ·· 59
过程4.4 公共关系广告 ·· 62
4.4.1 广告 ·· 62
4.4.2 公共关系广告的类型 ·· 64
4.4.3 公共关系广告媒介的选择 ·· 66
4.4.4 公共关系广告的制作要求 ·· 68
【案例2】 "上海早晨"营销成功 ·· 69

任务5 房地产公共关系的调查与评估 ····································· 72
过程5.1 调查方法 ··· 73
5.1.1 访谈调查法 ·· 73
5.1.2 观察调查法 ·· 73
5.1.3 资料分析法 ·· 74
5.1.4 问卷调查法 ·· 74
过程5.2 调查问卷设计 ·· 75
5.2.1 问卷的定义和作用 ·· 75
5.2.2 问卷的结构 ·· 75
5.2.3 问卷设计的原则 ·· 76
5.2.4 问题设计和答案设计 ·· 77
5.2.5 问卷设计的注意事项 ·· 80
过程5.3 数据统计 ··· 80
5.3.1 数据统计的基础 ·· 80
5.3.2 数据统计的步骤 ·· 81
5.3.3 数据统计的简单方法 ·· 84
【案例3】 调查问卷实例与市场调研"动态观"理论 ························ 84
【案例3.1】 调查问卷实例(简要) ······································ 84
【案例3.2】 市场调研的"动态观"理论 ·································· 86

任务6　房地产公共关系活动管理 ···································· 89

　过程6.1　公共关系活动策划 ·· 90

　　6.1.1　公共关系活动目标的确定 ··································· 90

　　6.1.2　公共关系活动目标公众的确定 ······························· 91

　　6.1.3　公共关系活动主题的提炼 ··································· 92

　　6.1.4　公共关系活动的创意与构思 ································· 94

　过程6.2　公共关系活动策划文案的撰写 ································· 97

　　6.2.1　文案的准备和撰写过程 ····································· 97

　　6.2.2　文案撰写的要点 ··· 97

　　6.2.3　文案的排印和装订 ··· 99

　　6.2.4　公共关系活动预算的编写 ··································· 99

　　6.2.5　策划方案的发表 ··· 101

　过程6.3　公共关系活动的执行管理 ··································· 103

　　6.3.1　公共关系活动场地的选择与确定 ····························· 103

　　6.3.2　公共关系活动的人员管理 ··································· 103

　　6.3.3　公共关系活动工作项目的分解与管理 ························· 104

　　6.3.4　公共关系活动的过程控制与管理 ····························· 105

　　【案例4】　万科·广州四季花园 ································· 108

任务7　房地产市场开拓与销售 ···································· 112

　过程7.1　房地产推销策略和技巧 ····································· 112

　　7.1.1　常用的推销策略 ··· 113

　　7.1.2　推销技巧 ··· 115

　过程7.2　房地产销售的业务流程 ····································· 117

　　7.2.1　房地产销售准备 ··· 117

　　7.2.2　房地产销售的业务流程 ····································· 122

　　【案例5】　金凤凰 ··· 128

第三部分　房地产企业公共关系礼仪

任务8　接待礼仪 ·· 131

　过程8.1　日常社交礼节 ··· 131

　　8.1.1　日常交际礼节 ··· 131

　　8.1.2　操作礼节 ··· 133

　　8.1.3　拜访礼节 ··· 134

　　8.1.4　宴请礼节 ··· 134

　　8.1.5　服饰礼节 ··· 135

过程8.2 仪表、仪态和仪容 ·· 136
  8.2.1 仪表礼 ·· 136
  8.2.2 仪态礼 ·· 138
  8.2.3 仪容礼 ·· 143

第四部分 房地产企业公共关系文书

任务9 社交礼仪文书 ·· 148
  过程9.1 专用书信 ·· 149
    9.1.1 介绍信、证明信 ·· 149
    9.1.2 贺信、贺电 ·· 150
    9.1.3 慰问信、感谢信 ·· 151
    9.1.4 推荐信和求职信 ·· 153
  过程9.2 常用公文 ·· 155
    9.2.1 报告 ·· 155
    9.2.2 请示 ·· 156
    9.2.3 通知 ·· 158
    9.2.4 函 ·· 159
  过程9.3 礼仪文书 ·· 160
    9.3.1 请柬 ·· 160
    9.3.2 邀请书 ·· 160
    9.3.3 聘书 ·· 161
    9.3.4 祝词 ·· 162
    9.3.5 欢迎词、答谢词 ·· 163

参考文献 ·· 166

第一部分 基础知识

任务1

公共关系概述

【任务目标】

(1) 掌握公共关系的含义和特征、构成要素、职能。

(2) 熟悉房地产公共关系的工作程序。

(3) 了解房地产从业人员应具备的公共关系素质。

(4) 了解房地产公共关系职业道德准则。

(5) 了解房地产公共关系的法律要求，并用于实际工作中。

【任务背景】

刘小评是某市房地产管理学校的一名毕业生，现已被一家房地产公司聘用。报到后，他被安排到公共关系部从事公关工作，经过一段时间的培训后，他已基本熟悉了公司的情况，为了更好地搞好公关工作，他将进一步进行相应公共关系基础知识的学习。

过程1.1 公共关系的含义和特征

1.1.1 公共关系的含义

"公共关系"一词源于英文"Public Relations"，缩写为"PR"。译成中文原意应是"公众关系",简称"公关"。由于翻译上的先入为主,就成了一种约定俗成的译法,现在普遍把"公众关系"译成"公共关系",一直沿用至今。

公共关系学起源于美国。虽已有几十年的历史,但对于公共关系的定义却五花八门,目前尚无统一的认识。了解国内外对公共关系的不同定义,有助于我们全面理解、把握公共关系知识。

1. 国外有代表性的公共关系定义

(1) 英国公共关系专家杰夫金斯给公共关系的定义是:精心准备、按照计划并持续不断地努力建立和保持某个组织和它所面向的公众之间的相互理解。

(2) 英国公共关系协会对公共关系的定义是:公共关系活动是为了建立和保持组织与其公众之间的相互理解而进行的审慎的、有计划的和连续不断的活动。

(3) 美国公共关系协会征询了两千多名公共关系专家的意见,从中选出了四种公共关系定义:① 公共关系是企业管理机构经过自我检讨与改进后,将其态度公诸社会,借以获得顾客、员工及社会的好感和了解的经常不断的工作。② 首先,公共关系是一个人或一个社会组织为获取大众之信任与好感,借以迎合大众之兴趣而调整其政策与服务方针的一种经常不断的工作;其次,公共关系是对此种已调整的政策与服务方针加以说明,以获取大众了解与欢迎的一种工作。③ 公共关系是一门技术。该技术在于激发大众对于任何一个人或一个组织的了解并产生信任。④ 公共关系是工商管理机构用以测验大众态度,检查本企业的政策与服务方针是否得到大众的了解与欢迎的一种职能。

(4) 1978 年 8 月在墨西哥城,世界公共关系协会大会给出的定义是:公共关系的实施是一门艺术和科学,它分析趋势,预测后果,为组织领导者提供咨询,并执行一系列有计划的既为组织又为公众利益服务的行动方案。

(5) 国际公共关系协会关于公共关系的定义是:公共关系是一种管理职能,它具有连续性和计划性。通过公共关系,公立的和私人的组织、机构试图赢得同它们有关的人们的理解、同情和支持。

(6) 德国德意志公共关系协会对公共关系的定义是:公共关系是以系统的研究为基础而进行的,旨在促进理解和在公众中建立和维护信誉的有意识的合法的努力。

(7) 美国贝逊企业管理学院公共关系学院主任坎菲尔德认为:公共关系是一种管理哲学,在所有决策及行动上都以公众利益为本。这一原则应贯穿在政策中,并向大众阐明,以期获得他们的谅解和信任。

(8) 丹麦公共关系俱乐部对公共关系的定义是:公共关系是私人和公共团体为谋求在已经建立或期望与之建立联系的公众中获得理解、同情和支持的连续、系统的努力。

2. 国内有代表性的公共关系定义

(1) 毛经权主编的《公共关系学》中所下的定义是:公共关系是一个组织运用传播手段,在组织与社会公众之间建立相互了解和信赖关系,并通过双向的信息交流,在社会公众中树立起良好的形象和声誉,以取得理解、支持与合作,从而有利于促进组织本身目标的实现。

（2）复旦大学居安延在《公共关系学导论》中下的定义是：公共关系是一个社会组织运用传播手段使自己与公众相互了解和相互适应的一种活动或职能。

（3）台湾的公共关系专家祝振华提出：公共关系学，是以促进了解为基础，内求团结，外求发展的管理哲学。

（4）中国社会科学院新闻与传播研究所明安香在《公共关系学——塑造形象的艺术》一书中给公共关系下的定义是：公共关系是用传播手段塑造组织自身良好形象的艺术。

（5）中国社会科学院新闻研究所公共关系课题组下的定义是：所谓公共关系，就是一个企业或组织，为了增进内部及社会公众的信任与支持，为自身事业发展创造最佳的社会关系环境，在分析和处理自身面临的各种内部和外部关系时，采取的一系列科学的政策与行动。

除了上述这些严格的定义外，在公共关系实践活动中还产生了一些通俗易懂的表达：

公共关系就是争取对你有用的朋友。

公共关系就是帮助一个机构和公众的沟通。

公共关系就是讨公众喜欢。

公共关系就是促进善意。

公共关系就是说服公众的技术。

公共关系是百分之九十靠自己做得对，百分之十靠宣传。

公共关系是信与爱的运动。

……

从上述定义中，我们至少可以概括出这样几点：

公共关系活动的主体：一个社会组织。

公共关系活动的客体：与该社会组织有关的内部和外部公众。

公共关系活动的直接目的：促进公众对组织的理解、支持和合作。

公共关系活动的间接目的：提高组织的效益。

公共关系活动的性质：一门处理公众关系的科学和艺术。

公共关系活动的特点：按照计划而进行的、持续不断的努力和活动。

由上所述，可以看出公共关系的定义繁多，角度不同、侧重点不同，所下的定义也就不同。

本教材对公共关系的定义作如下描述：所谓公共关系，是一个社会组织为了促进相关的公众对它的理解、合作和支持，而采取的一系列有计划的努力和活动。

1.1.2 公共关系的特征

公共关系作为一种现代的科学管理方法，有其独有的特点。

（1）以公众为对象

公共关系是社会组织与各有关公众的社会关系，是群体关系，而不是私人、个人关系。公共关系发展如何，直接影响社会组织的生存和发展。任何社会组织要在社会中生存发展，就必须科学地分析与处理各种有关的社会关系，为事业的发展创造最佳的社会环境，以保证事业的成功。公共关系活动的策划者和实施者必须始终将公众认作自己的"上帝"。

（2）以美誉为目标

公共关系活动要为组织树立良好的形象和声誉而服务，也就是为组织建立成功的人缘关系，和谐融洽的人事气氛，最佳的社会舆论，以赢得社会相关公众的理解、信任、支持与合作。搞好公共关系的目的是为了使组织拥有良好的声誉，以利于组织的生存和发展。塑造良好组织形象是公共关系的核心问题，组织形象的美化，是公共关系活动追求的效果，是每一个社会组织所向往的。

（3）以真诚为信条

公共关系活动要奉行"真诚"的信条。社会组织必须为自己塑造一个诚实的形象，才能取信于公众，传播活动中也必须贯彻"真诚"的精神。任何失真、虚假的信息传播，都会损害组织形象。唯有真诚，才能赢得广泛的合作。因此可以说，真诚是公共关系的信条。

（4）以互惠为原则

公共关系不是以血缘、地缘为基础，而是以一定的利益关系为基础的。组织的公众对象都是与组织目标具有一定利益关系的个人、组织和群体，如果不以平等互利这一原则来处理这种以一定利益为纽带的双方关系，而是以一定利益为中心，损害对方利益，那么无论是巧取还是豪夺，无论是诱使还是迫使对方服从自己的利益，都不会有巩固和持久的公共关系。作为一个社会组织，在发展过程中既要体现本组织目标，又要让公众受益，这样才能使双方的合作长久。所以，必须奉行互惠的原则。

（5）以沟通为手段

人类的沟通活动是一种通过口头的、书面的或其他方式发出和收取信息，进行意见交换的螺旋式过程。如果没有沟通，公共关系主、客体之间的关系就不会存在，社会组织的美誉也无从产生，互惠互利也将成为一句空话。要将公共关系目标和计划付诸实施，离不开沟通手段。

（6）以长期性、战略性、持久性为基本方针

社会组织良好的形象和声誉，并非一朝一夕就能树立于公众之中，公共关系亦非急功近利之举。而且，社会组织在发展过程中还可能出现反复和曲折，这也会使形象和声誉常常出现"回潮"。社会组织要搞好公共关系，一定要有长期计划，通过坚持不懈的努力和一点一滴的积累，才有可能在公众心目中塑造出良好的组织形象。因此，公共关系活动必须着眼于长期性、战略性和持久性。

过程 1.2　公共关系的构成要素

公共关系是社会组织通过信息传播手段，与各类公众建立良好关系的社会交

往形式。它主要由组织、公众和传播三个基本要素构成。即：公共关系的主体——社会组织，公共关系的客体——公众，公共关系的手段——传播沟通。

1.2.1　公共关系的主体

社会组织是房地产公共关系的主体，是公共关系的核心，是公共关系活动的实施者。所谓社会组织，是指执行一定的社会职能，完成特定的工作目标，构成一个独立单位的社会群体。它有清楚的界限、明确的目标，内部实行明确的分工并确立了旨在协调成员活动的正式关系结构，如政党、社团、房地产企业、学校等。

公共关系是组织的活动，而不是个人的活动。例如，房地产企业公关部的经理接待来访者，表面上看起来是个人的活动，但实质上他是作为组织的代表出现在公众的面前的，因此，他的接待活动就是组织的公共关系活动。

1.2.2　公共关系的客体

公共关系的客体是公众。所谓公众，是与一定的社会组织互相影响、互相作用、面临共同问题，与组织构成利益关系的群体或个人。任何一个组织的生存发展都需要得到公众的理解和支持，任何一个组织在开展公共关系活动之前，都要认清自己所面临的公众。可以这样说：了解和确认公众不仅关系到公共关系工作的成败，也会影响到组织的形象和声誉，甚至还会影响组织的生存和发展。

公众既包括内部公众，又包括外部公众。公共关系就是社会组织与其内部、外部各类公众之间的关系。公众构成社会组织生存和发展的社会环境，组织内部员工、顾客、社区居民等都是重要的公众。

1.2.3　公共关系的手段

公共关系的手段是传播沟通。所谓传播沟通，是指社会组织与公众之间的一种信息交流活动。在现代社会中，对任何一个组织和个人而言，传播沟通都是不可缺少的。人与人之间、人群与人群之间通过传播沟通形成关系，组织的一切活动都有赖于与社会的沟通和交往。

社会组织通过媒体作用于各类相关公众，其手段是传播沟通，其目的是塑造形象、协调关系，从而形成较高的知名度、美誉度和认可度。例如，房地产企业只有与相关公众进行经常的、连续不断的交往和沟通，为企业自身发展创造一个和谐的社会环境，塑造一个良好的组织形象，才能实现社会效益和经济效益的统一。

公共关系的构成要素，如图 1-1 所示。

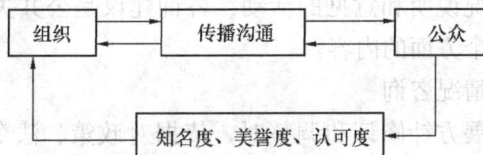

图 1-1　公共关系的构成要素

过程 1.3　公共关系的职能

1.3.1　收集信息

在信息时代,信息就是生产力,是经济效益的关键性因素,是组织赖以生存和发展的一种重要资源。所谓收集信息,就是组织在维持生存和发展的过程中,收集掌握与之相关的诸方面的基本要素,为自身创造良好的发展条件的工作。从公共关系工作的角度来看,主要应收集以下几种信息:

(1) 组织形象信息

即公众对社会组织在运行中所显示的行为特征和精神面貌的反应。组织形象信息主要包括以下几个方面内容:一是公众对组织机构及其效率的评价,如房地产公司机构设置是否合理;二是公众对组织管理水平的评价,如房地产公司经营方针是否正确;三是公众对组织人员素质的评价,如房地产公司工作人员的文化水平、专业素养、服务态度等。

(2) 产品形象信息

产品形象是组织形象的基础。通过了解公众对组织产品形象的评价,就能了解组织的市场形象的好坏。公众对产品的反映和评价包括:产品的质量、性能、规格、花色、品种、装潢、售前售后服务等。

(3) 公众的需求信息

公众需求是组织生存、发展的依据和动力,也是公众利益和兴趣的具体体现。了解重视公众需求,满足公众的合理需求,才能赢得公众。公众的需求信息包括:物质需求、精神需求、现实需求和将来需求等。

(4) 竞争对手的信息

孙子兵法云:"知己知彼,百战不殆。"了解竞争对手的优势情况,可以扬长避短,使自己处于竞争的优势地位。收集内容包括:发展状况、决策与管理的经验和教训、资金实力和价格利润等。

1.3.2　咨询建议

咨询建议是公共关系部门和人员运用科学方法,就某个或某类问题向公众或决策者提供可靠的情况说明和意见的活动。咨询建议是公共关系工作的高层次环节,一般包括以下几个方面的内容:

(1) 组织的发展情况咨询

组织进行经营发展方针修订和调整时,依据对政策、法令、政治、经济、文化形势的了解和分析,提供有关的信息咨询和建议;组织采取完善和改进措施以增进活力时,采纳员工的合理化建议和征询专家的论证意见。

（2）员工的心理状态咨询

员工是组织的主体，他们的思想状态、心理行为和士气直接关系到组织的活力与效率。公共关系部门要提醒管理者尊重员工，并为他们提供激励员工责任感、工作兴趣、劳动热情的建议。对那些既重业绩又重人的领导，则应随时提供员工思想和心理变化方面的信息。

（3）公众心理变化和趋势预测咨询

公众的心理活动决定着公众的行为。现代社会复杂多变，公众的心理活动也会随之千变万化。公众心理变化对社会有很大的影响。因此，公共关系人员必须在对公众信息的长期收集和积累的基础上，对公众心理变化及时进行分析和预测，从而为组织发展和领导决策提供可靠的依据。

1.3.3 参与决策

所谓决策，是指组织或个人为了实现某种目标而对未来一定时期内有关活动的方向选择或调整的过程。公共关系人员不仅要向组织提出一般的咨询建议，而且要参与决策，为领导决策提供必要的信息和建议，这才是公共关系咨询建议的高级形式。决策的过程包括了确定决策目标、拟定决策方案、实施决策方案、决策评价和反馈。公共关系人员参与决策的好处在于：①向领导者提供决策信息，促进决策的民主化、科学化；②决策过程中当好参谋，向决策者提供咨询建议；③帮助决策者评估决策方案实施后果，修正决策方案，并通过公共关系调查，收集公众意见，衡量和评价决策的优势和差距，充分发挥公共关系的参谋作用。

公共关系参与决策本身并不是公共关系活动的信息传播过程，但作为信息传播活动的公共关系活动只有同参与组织决策活动结合在一起，才能起到真正有效的作用。正因如此，参与决策也应理解为公共关系的职能之一。

1.3.4 协调沟通

一个组织通过公共关系活动，协调和沟通组织与公众的关系，争取公众和其他社会组织的谅解和支持，最终达到组织内外部和谐统一的目的，为组织的生存和发展创造一个良好的环境，是公共关系的又一基本职能。

"内求团结，外求和谐"，是公共关系协调沟通工作的宗旨。

所谓"内求团结"，就是要创造组织内部团结和谐的气氛，增强组织的凝聚力。一个组织内部有各种各样的关系，概括起来无非是领导与员工的关系，员工与员工的关系，组织内部各个职能部门之间的关系等，协调和沟通这些关系是公共关系工作的一部分。

所谓"外求和谐"，就是通过积极开展对外活动，促进组织和外界的密切联系和广泛合作，为组织营造良好的外部环境。组织面临的外部公众很多，如消费者、供应者、经销者、新闻界等，有时不可避免地要与他们发生矛盾和纠纷，这就需要公共关系部门通过双向沟通，避免冲突和纠纷，消除敌意和误解，维护合作关系，形成良好的外部环境。

1.3.5 教育引导

公共关系还具有教育引导职能，表现在对内部公众和外部公众的教育引导两个方面。

内部公众的教育引导。组织内部员工是经营活动的基本要素，也是塑造组织良好形象的保证。通过教育，灌输公共关系意识，引导组织各部门和全体员工重视组织的形象和声誉；教育员工树立主人翁责任感，通过向公众提供优质产品和优质服务，为组织树立良好形象；教育员工树立自己的良好形象，以自己良好的形象影响组织外部公众；在员工中开展公共关系的教育培训工作，提高全体员工的公共关系意识和觉悟水平，通过开展实务和技术方面的培训，帮助他们掌握建立良好公共关系状态的实际本领。

外部公众的教育引导。在竞争日益激烈的今天，房地产企业需要不断提高组织的知名度和美誉度，这就要求公共关系围绕宣传服务质量、提供优质服务开展工作。公共关系通常采用劝说性教育，引导外界公众改变态度，适应组织；或采用实际步骤促进公众的好感，如提供慈善捐款、举办社区文体比赛、赞助社会公益事业等。

1.3.6 树立形象

组织形象是社会公众心目中对组织整体的印象和评价。塑造良好的组织形象是公共关系的一项重要职能。组织形象是由丰富的内容和多样的形式构成的一个完整的整体印象。它主要由产品形象、员工形象、服务质量、设施设备和环境形象等要素构成。这些构成要素又具有其深刻的内含。

组织形象是一个组织向社会介绍自己的名片。塑造良好的组织形象，是社会主义市场经济发展的内在要求。一个组织有良好的形象，就能得到公众的信任和支持，提高生存能力、发展能力和竞争能力，保证组织事业成功。

塑造良好组织形象的重要性，已越来越被各种组织的领导者所认识。从公共关系的角度来说，塑造良好的组织形象就是要提高组织的知名度和美誉度。所谓知名度，就是公众对组织所知晓的程度；所谓美誉度，就是公众对组织的信赖和赞美的程度。两者缺一不可。一般来说，知名度需要以美誉度为客观基础，才能产生积极的效果；美誉度需要以一定的知名度为前提条件，才能充分显示其社会价值。

过程 1.4　公共关系的工作程序

公共关系的工作程序包括：公共关系调查、公共关系策划、公共关系实施、公共关系评估。

1.4.1　公共关系调查

公共关系调查，就是组织就公众对组织形象的评价进行统计分析，用数据或文字的形式显示公众的整体意见，或者就某一具体公共关系活动条件进行实际考察。它是整个公共关系工作的基础。公共关系计划能否制定得切实可行，与公共关系调查掌握的第一手资料有很大的关系，组织的一切重大决策都依赖于对周围方方面面关系的清醒认识和了解。

1. 公共关系调查的意义

（1）使组织能够准确地进行形象定位

公共关系调查可以使组织准确掌握自己在公众中的形象定位。组织形象定位是组织在公众中具有的形象的定性和定量的描述。通过形象定位，可以检测出组织自我期望形象与其在公众中实际形象的差距，针对差距策划有效的公共关系活动方案。

（2）为组织决策提供科学依据

通过公共关系调查，组织才能了解公众的要求和愿望，作出符合公众要求和愿望的决策，通过认真执行决策，使组织在公众心目中树立起良好的形象。

（3）使组织及时地把握公众舆论

积极的公众舆论有利于组织塑造良好形象，消极的公众舆论则有损于组织形象，甚至会造成组织的形象危机。因此，通过公共关系调查，监测公众舆论，有利于树立组织形象。

（4）提高组织公共关系活动的成功率

在开展某项公共关系活动以前，对主客观条件均要做现场考察，以便制定出切实可行的计划，做好人、财、物的充分准备，使每项公共关系活动取得预期效果。

（5）有利于塑造组织的良好形象

公共关系调查从组织的主观方面讲，以搜集信息为主要目的，但在客观上，由于开展调查活动要同调查对象广泛接触，所以，调查人员也同时向公众传播着组织自身形象的信息，恰当的调查本身也会赢得公众对组织的好感。

2. 公共关系调查的内容

公共关系调查的内容主要涉及组织整体状况、内外公众状况、社会环境状况三个方面。

（1）组织整体状况调查

了解组织的整体状况和能力，是公共关系工作的基础。组织整体状况调查包括下列内容：组织自然情况、组织社会情况、组织历史情况、组织现实情况、组织未来情况。

（2）内外公众状况调查

内外公众的状况和意见，是公共关系调查的主要内容，其调查结果决定公共关系的效果、对策和发展。主要包括：组织形象调查、公众动机调查、内部公众意见调查、公众需要调查。

（3）社会环境状况调查

社会环境的状况，关系到组织生存和发展的外部条件，也关系到公共关系工作发展的外部环境，是公共关系调查的重点。因此，公共关系部门应广泛调查搜集一切同组织有关的社会环境资料，使组织发展与公共关系工作的开展同社会环境的要求并行不悖。社会环境调查的主要内容有：政治环境调查、经济环境调查、社会问题调查、其他组织的公共关系工作状况调查。

3. 公共关系调查的过程

公共关系调查的全过程由四个相关的基本步骤组成。

（1）确定调查任务

确定调查任务，明确调查目的，确定调查对象、范围、规模、形式和方法。有了这些，就可避免调查工作陷入盲目状态。

（2）制订调查方案

明确调查任务以后，就要着手方案的设计和计划的编制。调查方案主要是提出调查目的、理论框架和进行调查所需的各种材料。调查计划一般包括目的意义、调查内容及要求、调查对象、方式方法、步骤与时间、组织与领导、工作制度、经费及物质保证等方面内容。

（3）收集调查资料

收集调查资料的过程，实则是调查方案的实施过程。在这个过程中需注意技术手段的恰当和合理运用，以保证所要收集的资料的数量和质量，从而确保调查结论的准确性。

（4）处理调查结果

这是公共关系调查的最后一步，包括两项内容：①整理调查资料，即对所取得的全部资料进行检验、归类、统计等。②形成调查结果，即将经过统计的数据形成图表，用形象要素差距图（图1-2）等显现出来，并进行文字分析、总体评价以及必要的说明，最后形成一份完整的调查报告。调查结果和调查报告应及时提

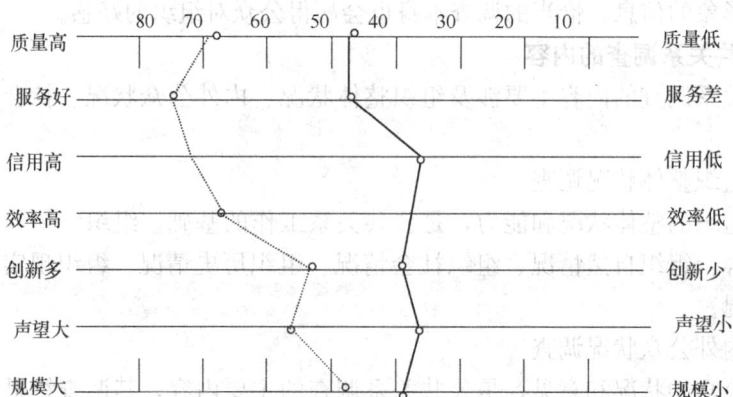

图1-2 形象要素差距图

供给组织中的有关人员。

1.4.2　公共关系策划

公共关系策划，就是指公共关系人员为了实现公关目标，对公关活动的主题、手段、形式和方法等进行的周密的构思和设计。它以客观的公众分析为前提，以最好的活动效果为目标，是公共关系工作的核心。策划的好坏直接影响着公共关系工作的效果和水平，也体现了公共关系人员的素质和水平。

1. 公共关系策划的主要内容

公共关系策划的主要内容包括：组织形象策划、组织环境策划、组织行为策划、改变公众态度与行为策划、信息与媒体策划。

（1）组织形象策划

公共关系工作的核心是塑造良好的组织形象。组织形象的策划包括树立组织形象、创造组织形象和维护组织形象。公共关系人员应据此策划出不同的内容，引导企业不断创新，努力塑造本组织的最佳形象，使组织永远立于不败之地。

（2）组织环境策划

不论何种性质的社会组织，都要依赖一定的环境求生存和发展，在组织的公共关系活动中，环境状况的好坏直接关系到活动的实际效果。这就要求组织应主动地了解环境中存在的各种不利于组织发展的因素，采取可行的措施对环境的发展加以引导，或者通过有意识的活动，改造环境中的某些成分，最终为自身创造出好的环境。

（3）组织行为策划

组织行为是指组织在进行生产经营性活动和其他社会活动时的各种行动。任何组织开展活动，都将面临众多公众对象，这就要求其学会同各种各样的组织和个人打交道。于是，处理好与各类公众的关系，使组织行为更加科学、规范、艺术，自然成为公关策划的内容之一。

（4）改变公众态度与行为策划

以改变公众态度和行为为目标的各种公关活动，是许多公共关系人员经常进行也自认为是非常有效的活动。在公共关系策划中，要有意识地安排与公众已有思维定式相应或相同的内容，以便被公众认同接受。改变公众态度行为的策划，还应注意利用"百闻不如一见"、"言传身教"的传统认识，通过组织示范活动，改变公众的态度和行为。公共关系策划还要注意随时掌握公众心理的变化情况，以确保公共关系活动的成功。

（5）信息与媒体策划

信息是公共关系活动中连接主体与客体的纽带，而媒体又是信息赖以存在和流动的物质载体。它们均是在公共关系活动中离不开而又易被忽视的因素。那种认为不必在策划阶段过多考虑媒体，有需要时只管拿来用就行了的想法是极其错误的。

2. 公共关系策划的程序

公共关系策划程序分为两个阶段、七个步骤（图1-3）。第一个阶段为准备阶段，包括收集整理信息和确立目标两个步骤；第二个阶段为实际策划阶段，包括设计主题、分析公众、选择媒介、预算经费和审定方案五个步骤。

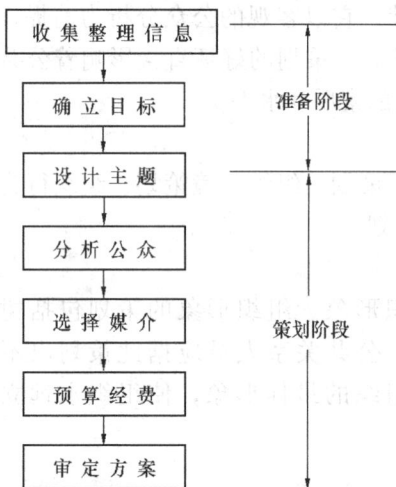

图1-3 公共关系策划程序图

（1）策划准备阶段

1）收集整理信息。收集整理信息是公共关系策划工作的基础，任何公共关系策划都必须从收集整理信息开始。

2）确立目标。确定公共关系工作目标是公共关系策划的前提。没有目标，公共关系策划也就无从谈起。公共关系工作的具体目标是同调查分析中所确认的问题密切相关的。一般而言，所要解决的问题也就成了公共关系工作的具体目标。具体目标应是总目标的一部分，并受总目标的制约。

（2）实际策划阶段

1）设计主题。公共关系活动的主题是对公共关系活动内容的高度概括，它在整个活动中起着提纲挈领的作用。主题设计得是否恰当，对公共关系活动成效影响很大。

2）分析公众。每一个组织都有特定的公众，确定与组织有关的公众，是公共关系策划的基本任务。只有确定了公众，才能确定与之沟通的方法。

3）选择媒介。传播媒介有多种多样。公共关系工作通常采用的传播媒介有：语言媒介、非语言媒介、印刷媒介、电子媒介、实物媒介等。各种媒介各有所长，可以根据公共关系工作具体情况进行选择。

4）预算经费。公共关系的预算编制，实质上是将公共关系计划具体化的过程。通过预算，可以确定公共关系活动的项目和规模，进而能从人力、物力、财力各方面保证公共关系活动的正常进行，有利于公共关系计划的组织落实，也有助于公共关系活动效益的提高。

5）审定方案。包括方案优化和方案论证。方案优化过程，就是提高方案水平，使其更趋合理的过程。方案的优化可以从增强方案的目的性、增加方案的可行性和降低耗费三个方面考虑。所谓方案论证，是指行动方案制定好以后所进行的可行性论证。一般由有关领导、专家和实际工作者对计划的可行性提出问题，由策划人员答辩论证。方案论证的内容包括：对目标进行分析、对限制性因素进行分析、对潜在问题进行分析、对预期结果进行综合效益评价等。

1.4.3 公共关系方案的实施

从公共关系方案的制定到目标的实现，尚有一段相当长的过程，使得方案的实施成为整个公共关系活动的中心环节，也是最复杂、最具体的工作阶段。

1. 公共关系活动方式的选择

（1）宣传性公关活动

这是运用大众传播媒介，传递组织信息，影响公众舆论，迅速扩大组织社会影响的活动方式。它适用于各类组织。其具体形式有：发新闻稿、制作公关广告、印刷公关刊物和视听资料、开记者招待会、举办展览会、组织演讲或表演等，广泛使用报刊、电视、广播等不同传播媒介。需注意的是，它既传播组织信息，又接收公众反馈信息，是一种双向活动。

（2）交际性公关活动

运用各种交际方法和沟通艺术，广交朋友、协调关系、化解冲突，为组织创造"人和"的社会环境。它是应用最广泛的公关活动之一。其具体形式有社团交际和个人交际，如各式各样的招待会、宴会、恳谈会、茶话会、舞会、专访、信函等。其特点是形式灵活，沟通直接，增加亲密性，加强感情联络。

（3）服务性公关活动

以优质的服务行为作特别媒介，吸引公众，感化人心，获取好评，赢得信任与合作，使组织与公众之间更为融洽、和谐，提高组织的社会信誉。它适用于各类组织。形式如各种消费教育、售后服务、免费保用保修等。其特点是用行动作为无声的语言，实在实惠，易被公众接受，见效快。服务的目的不仅是促销，更重要的是塑造组织形象，提高美誉度。

（4）社会性公关活动

以组织名义发起或热心参与节目演出、庆典、公益、慈善、文化、教育、艺术体育等社会性活动，在支持社会事业的同时，扩大组织影响，塑造组织形象。其活动形式是，对上述各项重大社会性活动提供支持和赞助。其特点是，社会参与面广，与公众接触面广，社会影响力强，能够同时提高知名度和美誉度。但形象投资费用也高，应着眼于整体形象和长远利益，不能贪多求大，要量力而行。

（5）征询性公关活动

运用社会调查、民意测验、舆论分析等信息反馈手段，了解民情民意，把握形势动态，监测组织环境，为决策提供咨询，为公众更好地服务。它以提供信息服务为主。具体形式有：开办相关咨询业务、建立信访与合理化建议制度、设立热线电话、制作问卷调查、分析新闻舆论等。其特点是，以接收信息为主，这是整个双向沟通中不可缺少的重要机制。

（6）建设型公关活动

适用于组织初创阶段，以及某项事业、产品服务的初创、问世阶段。这时，组织力图尽快打开局面，扩大影响，提高知名度，因此需采用高姿态的传播方式。其方式主要有：开业广告、开业庆典、新产品展销、新服务介绍、开业折价酬宾等。其重点是：通过宣传和交际，以优质服务、高质量产品，让更多的公众知道、接近、信任组织，并获得他们的支持。

(7) 维系型公关活动

适用于组织稳定，顺利发展的时期。为了维系已享有的声誉和良好的社会关系，采取持续不断而又低姿态，潜移默化而又能渗透的活动方式。如保持一定的见报率，竖立于高大建筑物上的企业名称、标志、巨型广告，逢年过节的专访慰问，对内外老关系户的优惠、奖励等。维系型公关活动是针对公众心理特征精心设计的。

(8) 防御型公关活动

指当出现潜在的公关危机时，为了防止公共关系失调，通过重视信息反馈，及时调整组织结构、方针、策略或经营方式等，以适应环境变化和公众要求的活动方式。它多采用调查、预测等手段，及时发现组织发展中潜在的危机，向组织决策层和相关部门提供建议和改进方案，并协助实施。

(9) 进攻型公关活动

主要是当组织外部环境剧变，出现难以协调的矛盾冲突时，为了化被动为主动，以攻为守，抓住有利时机迅速调整策略，开辟新环境的活动方式。组织可以通过研制新成果、新产品，不断开拓新市场，建立新伙伴，减少与竞争者的摩擦与冲突，克服消极因素的影响，以适应环境的变动。

(10) 矫正型公关活动

指当公共关系严重失调，组织形象受到严重损害时，为了挽回信誉和影响，及时采取一系列补救措施，利用各种矫正性的传播手段，稳定公众舆论，重塑组织形象的活动方式。此时，公共关系部门应及时查明组织形象受损的外部原因和内在原因，迅速制定对策，采取行动，控制影响面，矫正损害组织形象的行为和因素，重塑组织新形象。

2. 公共关系方案的实施要求

(1) 排除实施计划的障碍

计划方案实施过程中常见的障碍有两种类型：①公共关系计划中的目标障碍。这是指由于计划方案中所拟定的公共关系目标不明确、不具体，而给实施过程带来的障碍。例如，公共关系目标不符合公众利益，必然在实施中受到目标公众的抵制；目标过高，会使实施人员望而却步；目标过低，则不能唤起目标公众的合作热情。②计划实施中的沟通障碍。如语言障碍、习俗障碍、观念障碍、心理障碍、组织障碍。为了顺利地开展实施活动，必须采取有效措施把这些障碍因素予以排除。

(2) 正确选择方案实施的时机

1) 把握最佳时机。从公众与组织的关系角度来讲，公关活动实施的最佳时机应当是在潜在公众即将向知晓公众转化之前。

2) 避开不利时机。在实施公关方案时，正确选择时机还应注意避开一些不利的时机。例如，同重大节日或需要广泛宣传的国内重大事件没有任何联系的时机等均应避开。

3）可以利用的时机。同重大节日和国内重大事件有直接或间接联系的公关活动方案，可以考虑充分利用，以扩大其活动影响。

1.4.4 公共关系评估

公共关系评估就是根据特定的标准，对公共关系策划、实施及效果进行检查和评价，以判断其优劣的过程。

1. 公共关系评估的意义

(1) 公共关系评估是改进组织公共关系工作的重要环节

公共关系评估具有"效果导向"功能。在最后评估阶段，对方案本身、实施过程、公共关系人员的表现均要给予检测，总结并分析成功的经验和失败的教训，还能从中发现新情况、新问题，从而指明改进工作的方向，为今后的公共关系工作提供借鉴。

(2) 公共关系评估是开展后续公共关系工作的必要前提

组织的公共关系工作具有阶段性和连续性。每一项公共关系工作通过效果的分析和评估，既能为组织决策提供依据，也能为后续公共关系工作方案的制定和实施提供经验教训，夯实工作基础。

(3) 公共关系评估是检验公共关系工作优劣的基本手段

公共关系工作主要是由公共关系部门的员工集体承担的。他们分工协作，有各自的责任、任务和权益，所付出的劳动应得到公正评价，而给予公正评价的唯一有效的基本手段就是效果评估。同时，通过效果评估，使员工对自己的工作成效看得见、摸得着，激发起荣誉感和归宿感；员工之间进行对照、比较，找出差距，激发先进，鞭策后进，以便更好地调动员工的积极性和主动性。

2. 公共关系评估的程序

(1) 重温公共关系工作的目标

组织公共关系目标既是公共关系开展各项工作的努力方向，同时也是评估组织公共关系效果的尺度。既不提高标准，也不降低要求，用这个尺度来检测公共关系目标是否实现。

(2) 搜集和分析资料

利用公共关系调查研究的各种方法，搜集公众对象的各种信息和资料，然后进行分析比较，看哪些超越了预期目标，哪些实现了目标，哪些还没有达到，原因何在。比如，利用搜集到的有关知名度、美誉度的资料，再制作一次"组织形象地位四象限图"（图1-4）和"形象要素差距图"

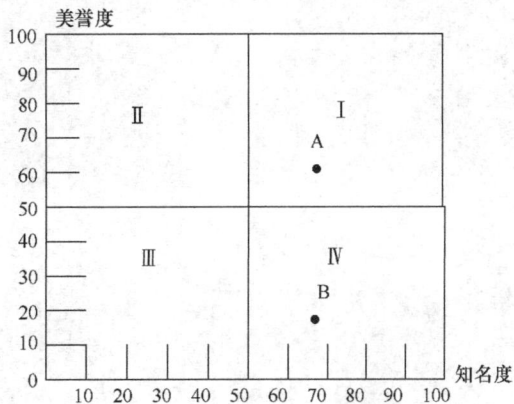

图1-4 组织形象地位四象限图

15

（图 1-2），检查一下组织的实际形象地位，检查公众和自我期望形象要素之间的差距缩小程度，是不难发现公共关系工作成效的。

（3）向决策部门报告评估结果

公共关系效果评估负责人，必须如实地将评估结果以正式报告的形式上报组织决策部门及最高决策层。

（4）把评估结果用于决策

这是公共关系评估工作的最后一个步骤，也是最终目的。评估结果，一方面用于后续公共关系计划方案的制定；另一方面用于组织的总目标、总任务、总决策的调整。

3. 报告公共关系活动成果

公共关系计划的实施情况及其效果，是公共关系人员和组织领导层所共同关心的。向组织领导层及时报告公共关系活动效果，使他们对公共关系工作的意义、活动方式及其效果加深了解，对这项工作作出恰当的判断和评价，可以为今后的工作争取到更多的支持。尤其是公共关系工作在我国开展的时间不长，有些组织的领导把这项工作视为是可有可无的，就更应该争取他们的理解和支持。

报告的内容主要是陈述公共关系活动开展的情况和取得的成果，对公共关系工作的效果进行质量上的分类评价，并进行数量上的说明。①将具体实施的公共关系计划经费开支与原计划经费预算加以比较；②就公共关系的长期目标、中期目标、近期目标以及特殊目标的实现情况加以说明，指出达到的程度及存在的问题、差距；③将现有的组织形象地位状况和公共关系活动开展前的组织形象地位加以比较，列出简图，并说明改善的状况、原因；④将公共关系工作结果与组织的总目标、总任务联系起来评价，并附以具体可见的和可检测的成果作论证说明。

报告的形式常用书面的或口头的两种。书面报告有年终总结、年度报告、定期备忘录和工作报告、情况通报和简报。口头的有小组或委员会会议、工作汇报会。无论哪种报告形式，若辅以图表、图片，都可以使报告更加生动、形象，效果更加理想。

任务 2

房地产公共关系职业
道德规范及相关法规

过程 2.1　房地产从业人员应具备的公共关系素质

2.1.1　专业知识

公关人员面对复杂多变的公众，想要做好公关工作就必须具有较高的知识素质。既要有丰富的理论知识，又要有实际操作技能。一般而言，公共关系从业人员应掌握以下几个方面的知识：

（1）公共关系的基本理论和实务知识。

（2）与公共关系人员密切相关的学科知识。包括经营管理学、市场学、新闻学、广告学、法学、哲学、逻辑学、历史学、地理学、涉外经济商务谈判等学科知识。

（3）开展特定公共关系活动所需的专业知识和技能。如应具备编辑、绘图、设计、印刷、摄影、美工、广告、市场民意调查等知识和技能。

2.1.2　心理素质

公共关系从业人员应具备的心理素质主要有以下几方面：

（1）较为完备的人格

公共关系工作说到底是做人的工作，因此公关从业人员自身人格的完备程度决定着工作的成效。完备的人格表现为：①具有敏锐准确的观察力；②对自

17

己和生活有正确的理解；③具有较强的包容力；④尊重他人、能正确对待别人的批评和赞赏；⑤既不嫉妒他人的成功，也不嘲笑他人的失败；⑥具有较强的创造力。

（2）较强的角色转换和换位思考能力

在公共关系活动中，公关从业人员往往要扮演多种不同的角色，因此必须具备较强的角色转换能力，否则，无法适应工作的要求。另一方面，要想取得公众对组织行为的理解，企业首先必须理解公众，这就要求公关从业人员学会换位思考，站在公众的立场上来观察企业行为，感受他们的认识、情绪，以此来调整自己的工作。

（3）外松内紧的心理防卫圈

外松内紧型的人善于和各种各样的人交往，而在内心深处则防护很紧，不轻易向别人显示自己的真实思想；内松外紧型的人不善于和陌生人交往，而对较为熟悉的人心理防卫很松，可以无话不谈。公关从业人员的心理防卫圈应该是外松内紧型的。

（4）富有使命感

公共关系活动关系到企业的生存和发展，责任重大，公关从业人员的工作是无形和繁琐的，需要付出艰辛的劳动，这种劳动往往很难进行量化考察，因此没有高度的使命感和责任心，是无法胜任公关工作的。

2.1.3 工作能力

工作能力是公关从业人员运用专门技术开展工作并取得成效的能力，它主要包括以下内容：

（1）交际能力

搞公共关系必须具有与各种人打交道的能力。美国《商业月刊》对美国的二百三十七家大企业的总经理进行调查后指出，美国企业界对其负责人的第一条要求，就是能在企业内外搞好关系，企业领导人应该像国会议员那样善于与人交往。公共关系人员作为企业组织的外交家，无疑也应该具备社会交际的能力。

（2）表达能力

包括文字表达能力和口头表达能力，能写会说是公共关系人员的两项基本传播技巧，这是公共关系人员必备的基本技能。

（3）应变能力

应变能力是一个人自制力、适应性和灵敏性的综合表现。公共关系人员要在社会上进行各种人事交往，工作对象复杂，接触面非常广，在实际工作中出乎意料的事情随时都可能发生。这就要求公共关系人员在工作中一定要临危不乱，有遇急不慌、沉着冷静、机警、灵敏的应变能力，对各种情况能迅速加以分析、判断，运用逻辑思维，决定对策。

（4）创新能力

公共关系工作是科学性和艺术性的高度完美结合，在企业内外环境瞬息万变的社会里，为促使企业得到更快、更好的发展，企业公共关系从业人员必须具备强烈的创新意识，积极开展创造性的工作，力争走在时代的前列。

2.1.4　公关意识

公关意识是指从事公共关系的从业人员应具备的职业意识，主要包括以下几种：

（1）形象意识

在日常工作中，公关从业人员应当具备这样一种意识，即紧紧围绕塑造和传播企业形象这一核心目标，随时检查、规范和约束自己的言行举止，及时发现和抓住有利时机，向公众传播塑造企业形象。

（2）服务意识

在日常工作中，公关从业人员应当时时处处为公众着想，倾听他们的意见和建议，关心他们的困难和要求，满腔热忱地为他们服务，把满足公众的需要当作自己的责任，用自己的行为去赢得公众对企业的信任、合作与支持。

（3）互惠意识

任何企业都有自身利益，这种利益有时会与公众利益发生冲突，公共关系要求公关从业人员必须具备这样一种行为意识：即在任何情况下都要把公众利益摆在首位，在维护企业利益的同时不能损害公众的利益。

（4）沟通意识

沟通是公共关系的基本工作方式，公关从业人员应当具备强烈的沟通意识，具体表现在两方面：①在与公众的交往中，要不失时机、恰到好处地传递企业信息，宣传企业形象；②要有高度的职业敏感性和准确的判断力，对与企业有关的信息表现出浓厚的兴趣。

（5）创新意识

公共关系的生命力在于创新。一方面，任何成功的公关活动都有其独特的活动背景，盲目照搬别人的做法肯定要失败；另一方面，公共关系活动的各要素也是不断变化的，过去使用的模式未必适应现在，昨天成功的做法今天不一定可行。因此，公关从业人员必须具备创新意识，不断探索新的模式和方法。

（6）长远意识

公共关系的目标是传播组织形象，形象形成需要长期的积累，而形象维护更是一个长期过程，所以公共关系从业人员必须具有长远意识。长远意识包含三层意思：①公共关系工作必须长年坚持不懈；②公共关系活动应当立足长远，不能急功近利，绝不能为眼前利益牺牲未来发展；③长远利益也体现了现代公共关系活动的策略要求。

过程 2.2　房地产公共关系职业道德准则

2.2.1　职业道德准则的含义

职业道德准则是在人们的职业生活中形成的道德标准和行为规范的总称。公共关系职业道德是由公共关系职业特性来决定的，是公共关系从业人员在工作中应遵循的道德准则和行为规范，它对公共关系工作人员具有约束和规范的作用。

严格遵守公共关系的职业道德，对于公共关系人员来说，是十分重要的。

（1）公共关系通过塑造良好的形象来获得公众对企业的拥护与支持，扩大企业的知名度和美誉度，从而获得经济效益和社会效益，这必然要求公共关系人员具有高尚的道德品质。

（2）公共关系人员是代表组织开展公关活动的，其职业道德水平不仅代表个人，而且代表了整个企业，因此对公共关系从业人员的职业道德标准应该有更高的要求。

（3）公共关系从业人员广泛地与社会各界人士交往，这就更应加强职业道德修养，提高文明程度。

2.2.2　职业道德准则的内容

职业道德准则的内容以《国际公共关系协会行为准则》和《中国国际公共关系协会会员行为准则》规定为标准，具体如下：

《国际公共关系协会行为准则》

一、国际公共关系协会成员必须竭诚做到以下各条：

第一条，为建设应有的道德，文化条件，保证人类得以享受《联合国人权宣言》所规定的各种不可剥夺的权利作贡献。

第二条，建立各种传播网络与渠道以促进基本信息自由流通，使社会的每一成员都有被告知感，从而产生归属感、责任感、与社会合一感。

第三条，牢记由于职业与公众的密切联系，个人的行为——即便是私人方面的——也会对事业的声誉产生影响。

第四条，在自己的职业活动中尊重《联合国人权宣言》的道德原则与规定。

第五条，尊重并维护人类的尊严，确认各人均有自己作判断的权利。

第六条，促成为真正进行思想交流所必需的道德、心理、智能条件，确认参与的各方都有申述情况与表达意见的权利。

二、所有成员都应保证：

第七条，在任何时候任何场合，自己的行为都应赢得有关方面的信赖。

第八条，在任何场合，自己均应在行动中表现出对他所服务的机构和公众双方的正当权益的尊重。

第九条，忠于职守，避免使用含糊或可能引起误解的语言，对目前及以往的客户或雇主都始终忠诚如一。

三、所有成员都应立戒：

第十条，因某种需要而违背真理。

第十一条，传播没有确凿依据的信息。

第十二条，参与任何冒险行动或承揽不道德、不忠实、有损于人类尊严与诚实的业务。

第十三条，使用任何操纵性方法与技术来引发对方无法以其意志控制因而也无法对之负责的潜意识动机。

《中国国际公共关系协会会员行为准则》

《中国国际公共关系协会会员行为准则》于 2002 年 12 月 6 日经中国国际公共关系协会第三次会员代表大会审议通过，决定于 2003 年 1 月 1 日实施执行。

公共关系是组织机构进行信息传播、关系协调和形象管理的一门艺术和科学，它通过一系列有计划、有目的、有步骤的调查、策划、实施、评估以及咨询等手段来实现。公共关系职业在我国是国家正式认可的一个职业，中国公共关系业服务于社会主义市场经济建设和改革开放，促进物质文明和精神文明的建设，推动社会的进步和发展。

鉴于公共关系业是一个严肃的职业，每个公共关系专业公司和从业人员应该追求崇高的职业道德并遵循职业的行为准则。为此，CIPRA（中国国际公共关系协会）所有会员（单位会员和个人会员）均同意遵守本准则。

第一章 总 则

第一条 教育、引导原则。为组织机构提供有效的、负责任的公共关系服务，教育社会公众并正确引导公众舆论，以服务公众利益。

第二条 公平、公开原则。以公平、公开的态度对待组织机构、社会公众乃至竞争对手，争取良好的商业环境，促进社会进步。

第三条 诚实、信誉原则。以诚实的态度服务组织机构和公众，准确、真实地传播信息；讲求商业信誉，将公众利益放在首位。

第四条 专业、独立原则。运用专业技术和经验服务组织机构和公众，为组织机构提供客观、独立的建议和服务；通过持续的专业开发、研究与教育来推动本职业的发展。

第二章 行 为 准 则

第一条 信息传播是公共关系服务的基础，唯有准确、真实的信息传播才能更好地沟通组织机构与新闻媒体、政府、公众之间的关系，真正服务组织机构和公众利益。CIPRA（中国国际公共关系协会）会员：

1. 确保信息传播手段和信息内容符合国家法律的有关规定；

2. 应该确保信息传播的完整性、真实性、准确性；

3. 应该兼顾公众利益和组织机构利益；

4. 不应该隐瞒事实真相或欺骗公众，有责任迅速纠正错误的传播信息；

5. 不应该向媒体赠送"红包"或其他形式的报酬，媒体必需的版面费、车马费除外。

第二条 以组织机构利益为导向是本行业赖以生存的基础，应该通过不断完善的专业技术和经验来满足组织机构的需求，帮助组织机构实现既定的目标。CIPRA（中国国际公共关系协会）会员：

1. 应该诚实地告知组织机构自己的专业能力，说明代理业务的规范流程，提交标准文案，明示收费标准；

2. 代表组织机构与公众沟通时，应该明示组织机构的名称；

3. 服务组织机构时，不应该在媒体上宣传自己和自己的组织；

4. 不应该承诺自己不能直接控制的结果；

5. 不应同时服务两个利益冲突的组织机构，除非在详细陈述事实之后得到组织机构同意。

第三条 专业服务涉及组织机构众多秘密，因此严格保守组织机构秘密和个人信息是获取组织机构信任、保持商誉的根本。CIPRA（中国国际公共关系协会）会员：

1. 应该保守组织机构过去、现在以及将来的秘密；

2. 应该保护组织机构及其雇员的隐私；

3. 如发现组织机构秘密外泄，有义务向组织机构提示；

4. 严禁利用他人秘密获取商业利益。

第四条 避免现在、潜在的利益冲突可以建立组织机构和公众的广泛信任，是本行业健康发展的基础。CIPRA（中国国际公共关系协会）会员：

1. 应该做到个人利益服从组织机构利益，组织机构利益服从公众利益；

2. 应该避免因外界因素而引起个人利益与行业利益的冲突；

3. 有责任向组织机构提示可能影响组织机构的利益冲突；

4. 有义务帮助本行业解决可能存在的利益冲突。

第五条 优胜劣汰，唯有保持公平、公开的竞争，才能不断完善健康、繁荣的行业大环境。CIPRA（中国国际公共关系协会）会员：

1. 应该尊重平等的竞争，避免因竞争而损害竞争对手的行为发生；

2. 应该通过提高专业技术水平和服务品质来增强竞争能力；

3. 严禁采取欺骗组织机构、诋毁竞争对手等手段来取得竞争优势；

4. 有责任保护知识产权，不应将他人的劳动成果据为己有。

第六条 人才资源是行业发展和繁荣的基本条件，只有不断培养和吸收优秀人才进入本行业，才能不断壮大行业队伍，提升本行业在社会的地位。CIPRA（中国国际公共关系协会）会员：

1. 有义务对其员工进行专业培训，同时将自己的经验和成果与行业分享；

2. 应该允许人才流动，但不得通过猎取人才来争取相关客户；

3. 流动人员应保守原公司的秘密和知识产权（如客户资料等）；

4. 流动人员不得主动争取原公司的客户资源。

第七条 没有行业的繁荣，也就没有个体的利益。每个成员应以不懈努力，创造一个不断发展、繁荣的行业为己任。CIPRA（中国国际公共关系协会）会员：

1. 应该积极宣传和传播公共关系知识；

2. 应该不断追求专业技术水平的提高；

3. 应该正确诠释成功的公共关系案例或经验；

4. 应该维护和巩固本行业的职业地位；

5. 应该要求下属及相关人士同样遵守本《准则》的有关规定。

第三章 附 则

第一条 如果CIPRA（中国国际公共关系协会）有足够证据证明某会员在履行其职业义务过程中有违反本准则的行为，该会员将受到CIPRA的劝诫、警告、通报以及开除等处罚。

第二条 本《准则》中所指的"组织机构"，即通常所指的"客户"，包括政府机构、企事业单位以及非盈利机构。

第三条 本《准则》最终解释权归中国国际公共关系协会。

过程2.3 房地产公共关系的法律要求

在一个民主法制的社会里，每一个公民都应具备法律意识，遵纪守法。公共关系人员在其工作中，由于其职业活动的范围，经常会涉及相关的法律，需要了解和熟悉有关的法律、法规知识。相关的法律、法规知识主要包括以下内容。

2.3.1 《中华人民共和国物权法》的相关知识

为了维护国家基本经济制度，维护社会主义市场经济秩序，明确物的归属，发挥物的效用，保护权利人的物权，根据《中华人民共和国宪法》（以下简称《宪法》），制定了《中华人民共和国物权法》（以下简称《物权法》）。该法于2007年3月16日第十届全国人民代表大会第五次会议通过，自2007年10月1日起施行。法律规定，国家、集体、私人的物权和其他权利人的物权受法律保护，任何单位和个人不得侵犯。所有权人对自己的不动产或者动产，依法享有占有、使用、收益和处分的权利。

房地产公共关系人员从事经营活动时，要与购房者打交道，应了解和熟悉《物权法》的内容，依法宣传法律规定，明确告知购房者：私人的物权受法律保护；业主享有的权利与应承担的义务；当物权受到侵害时应利用法律武器来保护自己的财产。由此可以解除公众的顾虑，促进开发房屋的销售。

2.3.2 《中华人民共和国合同法》的相关知识

为了保护合同当事人的合法权益，维护社会经济秩序，促进社会主义现代化建设，制定了《中华人民共和国合同法》(以下简称《合同法》)。该法于1999年3月15日第九届全国人民代表大会第二次会议通过，自1999年10月1日起施行。法律规定，合同是平等主体的自然人、法人、其他组织之间设立、变更、终止民事权利义务关系的协议。当事人应当遵循公平原则确定各方的权利和义务，并在行使权利、履行义务时遵循诚实信用的原则。

公共关系与盈利性的商业活动和竞争性的社会活动联系密切，从事经营性活动的房地产公共关系人员经常要与客户订立合同，就必须了解和熟悉《合同法》的内容。依法签订的合同，对于双方都有法律约束力，必须按照约定履行自己的义务。熟悉《合同法》中对合同有效期的内容规定，才能最大程度地维护自身的合法权益，并在自身权益受到侵害时利用法律武器要求对方承担赔偿等违约责任。

2.3.3 《中华人民共和国反不正当竞争法》的相关知识

为保障社会主义市场经济健康发展，鼓励和保护公平竞争，制止不正当竞争行为，保护经营者和消费者的合法权益，制定了《中华人民共和国反不正当竞争法》(以下简称《反不正当竞争法》)。该法于1993年9月2日第八届全国人民代表大会常务委员会第三次会议通过，自1993年12月1日起施行。法律规定，经营者在市场交易中应当遵循自愿、平等、公平、诚实信用的原则，遵守公认的商业道德。

房地产公共关系人员，作为从事盈利性服务的经营者，在工作中必然遇到竞争，但不得采取不正当手段从事经营活动，损害竞争对手利益。了解《反不正当竞争法》，可以明确不正当竞争行为，依法规范自身行为，保护社会主义市场经济健康发展，维护公平竞争；熟悉《反不正当竞争法》，能够对不正当竞争行为提起法律诉讼，保护自身及消费者的合法权益。

2.3.4 《中华人民共和国消费者权益保护法》的相关知识

为保护消费者的合法权益，维护社会经济秩序，促进社会主义市场经济健康发展，制定了《中华人民共和国消费者权益保护法》(以下简称《消费者权益保护法》)。该法于1993年10月31日第八届全国人大常委会第四次会议通过，自1994年1月1日起施行。法律规定：消费者为生活消费需要购买、使用商品或者接受服务，其权益受本法保护；经营者为消费者提供其生产、销售的商品或者提供服务，应当遵守本法；本法未作规定的，应当遵守其他法律法规。

房地产公共关系人员从事经营活动时，与客户打交道是常事，他们既要保护消费者的合法权益，又要履行经营者的法律义务。因此，应该充分了解《消费者权益保护法》，明确消费者的权利和经营者的义务以及对侵犯消费者合法权益行为所必须承担的法律责任。保证在与消费者进行交易时，遵循自愿、平等、公平、诚实信用的原则，主动维护和保障客户利益，树立自身良好形象。

2.3.5 涉外经济法的相关知识

涉外经济法是国家调整本国涉外经济关系的法律规范与法律制度的总和，是促进和保护国家对外经济关系正常发展的有力工具。中国涉外经济法，包括《中华人民共和国涉外经济合同法》、《中华人民共和国对外贸易法》、《中国涉外技术转让法》、《中华人民共和国海关法》、《中华人民共和国进出口商品检验法》、《中国涉外投资企业法》、《中国涉外货物运输、保险法、涉外税法、外汇管理法》等诸多法规。涉外经济法的原则包括：维护国家主权，促进民族经济发展；坚持平等互利原则，谋求国际合作与共同发展；信守国际条约，尊重国际惯例，建立国际经济新秩序；保护双方当事人的合法权益。

当一个企业的经营活动或产品进入国际范围，对其他国家的公众产生影响，需要通过国际性的沟通传播手段与对象国的公众实现双向交流的时候，企业就面对着国际性的公众，包括对象国的政府、媒介、顾客等。企业在对外开放条件下，发展外向型经济，参与国际竞争，离不开法律的保障。了解和熟悉中国涉外经济法，为房地产企业从事对外经营活动提供权益维护和法律保障。

2.3.6 《中华人民共和国著作权法》的相关知识

为保护文学、艺术和科学作品作者的著作权以及与著作权有关的权益，鼓励有益于社会主义精神文明、物质文明建设的作品的创作和传播，促进社会主义文化和科学事业的发展与繁荣，根据《宪法》制定了《中华人民共和国著作权法》（以下简称《著作权法》）。该法于 1990 年 9 月 7 日第七届全国人民代表大会常务委员会第十五次会议通过，1991 年 6 月 1 日起施行，2001 年 10 月 27 日第九届全国人民代表大会常务委员会第二十四次会议修改通过并施行。著作权包括的人身权和财产权有：发表权、署名权、修改权、保护作品完整权等。

在公共关系的信息传播中，公关人员通过大量信息载体的物质形式来传播图像、文字等信息。这些信息大多都有作者，而作者享有著作权。在传播这些有作者的信息时，需要考虑该传播行为是否侵犯该作者的著作权。《著作权法》对著作权人的权利以及出现侵权行为所需承担的法律责任等都作出了详尽的规定与解释。了解和熟悉《著作权法》，房地产公关从业人员才能防患于未然，避免侵权行为的发生。

2.3.7 《中华人民共和国广告法》的相关知识

为规范广告活动，促进广告业的健康发展，保护消费者的合法权益，维护社会经济秩序，发挥广告在社会主义市场经济中的积极作用，制定了《中华人民共和国广告法》（以下简称《广告法》）。该法于 1994 年 10 月 27 日第八届全国人民代表大会常务委员会第十次会议通过，自 1995 年 2 月 1 日起施行。法律规定，广告应当真实、合法，不得含有虚假内容，不得欺骗和误导消费者。广告主、广告经营者、发布者从事广告活动，应当遵循公平、诚实信用的原则。

广告是公共关系的一项沟通工具，其角色或任务就是传达有利于组织的信息。在一项房地产公关方案中，广告常被用来进行提醒、告知、说服和倡议。房地产公关广告不推销产品，但并不意味着不推销其他无形的东西。公关广告推销房地产企业形象、房地产企业的立场等。房地产企业可以通过公关广告向目标公众换取信任、认同以及对组织的拥护，可见广告对于公关活动的重要性。了解和熟悉《广告法》中对广告内容的限定以及违反《广告法》所必须承担的法律责任，将会为房地产公关从业人员提供行为准则和法律依据。

2.3.8 《中华人民共和国劳动法》的相关知识

为了保护劳动者的合法权益，调整劳动关系，建立和维护适应社会主义市场经济的劳动制度，促进经济发展和社会进步，根据《宪法》制定了《中华人民共和国劳动法》（以下简称《劳动法》）。该法于 1994 年 7 月 5 日第八届全国人民代表大会常务委员会第八次会议通过，自 1995 年 1 月 1 日起施行。法律规定，劳动者享有平等就业和选择职业的权利、取得劳动报酬的权利、休息休假的权利、获得劳动安全卫生保护的权利、接受职业技能培训的权利、享受社会保险和福利的权利、提请劳动争议处理的权利以及法律规定的其他劳动权利。用人单位应当依法建立和完善规章制度，保障劳动者享有劳动权利和履行劳动义务。

无论是内部的公共关系部，还是外部的公关公司，其公关人员都是劳动者，只要依据劳动合同，履行劳动义务，付出劳动，就有权获得劳动所得，其合法权益理应受到法律保护，不容侵犯。了解和熟悉《劳动法》，能够依法维护公关人员的自身权益，当自身合法权益受到侵害时，房地产公关人员要毫不犹豫地通过法律途径解决问题，维护权益。

2.3.9 国家有关新闻出版、信息传播等方面的法规

国家新闻出版法规，包括报纸、期刊、电子出版物等管理办法和规定。新闻传播法包含隐匿权（为新闻来源保密）、舆论监督与司法公正、新闻侵权、知晓权与接近权问题、新著作权法、网络传播权问题等。

公共关系中最浅层次的传播活动就是知晓层次的传播，主要是运用各种传播媒介，把组织自身运作状况、目标和成就等信息传递给公众，让公众了解组织，在公众心目中初步树立良好的组织形象。其具体形式有提供新闻稿件、发布新闻消息等。这就要求房地产公共关系人员一要懂新闻，二要新闻绝对真实。了解和熟悉国家有关新闻出版和信息的法律法规，杜绝虚假信息，创造有效的传播手段，才更容易受到公众的关注。

【任务拓展】

（1）什么是公共关系？它有何特征？

（2）公共关系职能包括哪些内容？

（3）公共关系策划包括哪些工作程序？

（4）你认为房地产公共关系人员应具备哪些基本素质？

（5）你认为房地产公共关系人员应遵守哪些职业道德？

任务 2 —— 房地产公共关系职业道德规范及相关法规

第二部分　房地产公共关系实务

沟 通 协 调

【任务目标】

(1) 熟悉公务、商务、来访等各类公关接待工作。

(2) 熟悉迎接、会见、送别宾客的接待工作程序。

(3) 掌握公众来电的应接。

(4) 能够对与组织相关的公众进行分类。

(5) 能够与内外公众进行事务性联系。

(6) 能够认识公众问讯处理的意义，能处理简单的问讯。

(7) 了解协调公众关系的方法。

【任务背景】

刘小评在该房地产公司的公共关系部工作了一段时间后，又被安排到营销部从事日常接待工作。接待工作范围广、项目多、操作灵活。为了做好接待工作，小评必须熟悉接待的基本程序、公众来电的应接和处理、与内外公众的事务性联系等内容，其中既有工作或业务上的交流，也有感情上的联络。以下是他在业务主管指导下从事的沟通协调工作。

过程 3.1 接待联络

3.1.1 接待活动基本程序

1. 接待工作

接待工作是在公关实务工作中房地产企业与其内外公众进行沟通协调的最基本、最常做的工作。它对联络公众、发展友谊合作、办好各项业务工作发挥着重要的作用。

2. 接待工作对组织形象管理的意义

接待工作是一项经常性的公关工作,平凡、繁杂、费时费力,看似收效不大,但是却有较大的影响。这是因为接待工作是房地产企业的专门工作和基础工作,优质的接待服务对房地产企业形象管理具有重要意义,公关人员绝不能掉以轻心。

(1) 有助于树立良好的组织形象

接待工作是公众了解组织的第一步,也是组织给公众的第一印象。社会心理学研究表明,人的"第一印象"尤为重要,它能影响到人们的进一步认识和感受,而且不太容易改变。如果接待工作没做好,就易给公众留下不好的第一印象,有可能需要组织花更大的代价,更多的精力去扭转这一不良印象。

(2) 满足公众心理需求

接待工作是公众与组织具体的直接接触活动,它不仅涉及公众的利益问题,也涉及到公众的尊严、感情等心理敏感问题。公众自身的体验和感受,比任何宣传都更能说服他。一个友好、亲切的表示和接待,也能使公众铭记在心。

(3) 小事情折射出组织形象

许多组织对重大事件和重大活动都比较敏感和重视,一般都会精心设计,认真准备。但是许多平凡小事却受到忽视,殊不知平凡小事同样能映射出组织的特点和形象,这就是常言说的"以小见大"。许多公众也喜欢从这一点来认识、了解组织。甚至会有许多公众认为,平凡小事更能反映一个组织的风格和作风。

(4) 及时把握公众舆论

接待工作既是公众了解组织的窗口,又是组织了解公众的窗口。公关人员可以通过接待工作与部分公众建立起经常联系,也可以通过接待工作从公众中聆听到一些组织需要的信息,感受到社会发展的脉搏和公众需要的变化。

因此,公关人员应认真做好接待工作,按照接待的基本环节与程序,做好迎接宾客、会见宾客、招待宾客、送别宾客等工作。

3. 常做的接待工作

接待工作范围广、项目多、操作灵活。经常安排的、具有代表性的接待工作有:

(1) 公务接待

指为完成上下级之间、平行机关之间的公务活动而进行的接待。它包括日常的例会、座谈会、新闻发布会等。

（2）商务接待

指针对一定的商务目的而进行的接待活动。包括生产厂家、供货单位、也有本企业的顾客以及相关领域的企业。

（3）来访接待

指组织与公众沟通的一种常见的接待。

（4）消费接待

指在消费活动中进行的接待。在经营活动中，任何企业都应把"顾客第一"作为自己经营的基本宗旨，提供优质的产品和优质的服务。

虽然接待的类型不同，但是遵循的程序是大致相同的。

4. 接待的原则

无论是单位还是个人接待来访者，都希望客人能乘兴而来，满意而归。为达到这一目的，在接待过程中要坚持以下几条原则：

（1）以礼相待

无论来访者是何事由，是何人等，均是组织的客人，应一律以礼相待，切忌"以衣帽取人"，"以事由取人"。起立、问好、迎送、请坐倒水是最起码的礼节。

（2）热情接待

无论对方是来了解情况的，还是联系工作的，或者是来致谢的，或者是来投诉的，都应热情、友好地予以接待。对其所欲了解的问题，应不厌其烦地讲清楚；对联系工作的，应予以记录；对于问题，应尽可能予以答复。对致谢的热情接待并不难，对投诉的要热情接待就困难些。这时应从公共关系工作大局出发，考虑到投诉者的心情和怒气，不能火上浇油，而应以平息怒气为主，应说明原因，不能一推了之。否则，将给组织带来更大的坏影响。

（3）真诚相待

由于种种原因，不可能对来访者的问题有问必答，有求必应。但是，不应拒绝接待和会见来访者，不回避其难题，而应委婉地说明难处。对已发生的事故最好不要隐瞒真相，要明确表示组织知错必改和敢于承担责任的态度。

（4）平等相待

不论单位大小、级别高低，不论朋友远近、地位异同，都应一视同仁，以礼相待，热情友善，这样才能赢得来访者的尊敬和认可，达到沟通信息、交流感情、广交朋友的目的。

5. 接待工作程序

（1）安排布置，周全具体

1）时间。作为接待者，无论是因公接待还是接待朋友，都要记清来访者的日期和具体时间。要在来访者到达之前，做好各方面的准备工作。如果来访者事先没有通知，不期而至，接待者无论工作多么繁忙，也要立即停止，热情待客。

2）场所。接待场所即我们通常说的会客室。在客人到达前，要根据具体情况，把会客室精心收拾一番，摆放一些鲜花。一般情况下，应先打扫卫生，适当准备一些水果、饮料、茶具等。如果是商业或其他公务会谈，还应准备一些文具用品和可能需要的相关资料，以便使用和查询。总之，会客室的布置应本着整洁、美观、方便的原则。

3）接待。来访者到来之前，要了解客人是乘坐什么交通工具而来。如果是乘专车来访，那么就在单位门口做好准备即可；如果是乘汽车、火车、飞机、轮船而来，就应做好接站的准备。接站时，如单位有车，应带车前往车站、码头或机场候客，同时还要准备一块接客牌，上面写上"迎接×××代表团"或"迎接××同志"或"××接待处"等字样。迎接时要举起接客牌，以便客人辨认。妥善做好这些工作，能给客人以热情、周到的感觉，不至于因环境不熟、交通不便给客人带来困难和麻烦。

4）食宿。安排食宿，首先要了解客人的生活习惯，其次要尽力而为，不铺张浪费。

5）规格。接待的规格要根据客人的具体情况进行安排，不可过高，也不可过低。同时，要根据不同的规格，安排主要接待人员。这些工作都要在客人到来之前做好，否则客人来时就会造成没人照应的尴尬场面。

6）服饰仪表。美的仪表是对社会和他人的尊重。如果一个人的服饰不符合一定场合的要求，就会引起误会。接待者对自己的服饰、仪表要做恰当的准备，不可随随便便。特别是夏季更应注意，不要穿背心、拖鞋、短裤接待客人。古今中外，人们都把主人仪表整洁与否同尊重客人与否直接联系起来。

7）致词。欢迎词是迎接客人时使用的问候语言，一般情况下不需做出书面准备，但见到客人时要说"欢迎您的到来"、"欢迎您指导工作"、"欢迎光临"之类的话。对于一些隆重的接待，则要准备一些简短的书面欢迎词。

另外，一般在重要的公务接待中，还要准备一些欢迎标语，以示对来访者的尊敬。

（2）了解客人，心中有数

作为接待者，必须对来访者的情况有详尽的了解，才能做到心中有数，搞好接待工作。要了解客人，主要是弄清来访的目的、性别、人数、职务级别、是否有夫妇同行等情况。

客人来访都是有目的的，通过了解客人的目的，以便有的放矢地做好会谈准备；通过了解客人的人数、性别和是否有夫妇同行等具体情况，便于安排交通工具和住宿，以防准备不足，造成接待不周；而对职务级别的了解，则便于主人做出相应规格的接待。

（3）善始善终，做好接待

来访结束后，接待部应代为订好车、船、机票，将客人送往车站、码头、机场。

公关人员如能做好这些接待工作，就能使客人对组织有较好的印象和愉快的心情，同时也为客人参加组织的有关活动打下了基础，使组织与客人的合作事宜能进行得更顺利。

3.1.2 电话接待联络基本程序

1. 重视电话的使用

电话是社会组织与公众联络沟通的重要工具与手段。许多事务性、业务性的日常工作，通常用电话便可解决问题，既快捷省时、省钱，又不消耗人员的精力。电话对传递信息、沟通情感、加强团结与合作有着积极的作用。但是，由于电话使用过于频繁和生活化了，因此，一些人打电话、接电话往往忽视了它的科学性和礼仪性。实践证明，正确地运用电话不仅可以显示公关人员的文化素养和气度、作风，而且能大大提高工作效率，很好地树立组织和公关人员的良好形象。

2. 公众来电的应接

做好对公众来电的应接工作很重要，一般应掌握迅速、礼貌和正确应答的原则。来电应接的过程如下：

（1）接电话

电话铃响应立即应接，用礼貌语"您好"开始，同时自报姓名或组织机构名称，以便对方确认。

（2）对话交谈

先进行必要的寒暄，再步入正题。听话时要仔细聆听，不时用"对"、"是"等应接。听不清楚的及时询问，重要的内容做简要的笔录。自己有什么意见或信息需要对方知道时，应用商讨或求教的语气向对方说明。如对方有邀请，应该表示感谢。

（3）通话结束

通话快结束时，再进行礼貌性寒暄，等对方挂断电话后再放下话筒。

（4）话后处理

电话挂断后，要整理通话的笔录内容，记下对方所在的组织、姓名和来电话的时间。如果需要上级知道的，要报告上级领导，不要自作主张。

3. 通话联络要求

根据组织工作的需要，常要借助电话主动与公众联络，打电话应掌握以下原则：

（1）为了取得通话的预期效果，打电话前需弄清对方的电话号码、组织名称、联络部门或人员，对通话内容先行思考，理清思路。有的电话较为重要，应事先征求领导的意见，得到同意后再打。

（2）打电话时除一般的寒暄外，要把打电话的内容用较少的时间准确简洁地表述清楚。打完电话再寒暄几句，同时表示感谢。打电话一忌打官腔，二忌语气生硬，三忌繁杂琐碎。

过程 3.2 公众关系处理

3.2.1 公众问讯处理

1. 公众

（1）公众含义

公众一般指社会上大多数的人，即公共关系工作的对象。公共关系学中使用的"公众"，指与某社会组织发生联系的有共同利益需求并对该社会组织生存与发展具有影响的个人、群体集合而成的整体。公众是公共关系的客体。它对社会组织产生制约和影响，是社会组织认识、作用的对象。

（2）公众分类

1）内部主要公众。社会组织内部公众包括全体一般职员和管理干部，是内部公共关系工作的主要对象。

2）外部主要公众。社会组织外部主要公众包括顾客、新闻界、政府与主管部门、社区等。

2. 公众问讯

（1）公众问讯处理的意义

公众问讯是指公众向某社会组织询问有关情况和反映有关问题。认真处理公众问讯，有利于及时了解情况，解答问题，沟通信息，改进工作，加强与公众的合作。

（2）公众问讯的种类

1）联系与咨询。相关组织之间、组织与相关公众之间发生工作和业务联系，有关人员向组织了解情况、征询意见。

2）反映要求与意见。有关组织和个人反映其要求和提出建议及意见。

3）举报与投诉。有关组织和个人检举报告和反映受害情况，要求解决问题。

3. 公众问讯处理的原则与方法

（1）热情接洽

对登门或来电来函问讯，应以礼相待，热情相迎。

（2）耐心倾听

来者有事有意，对其表述，听者要用心有心耐心。善于倾听才能全面掌握情况，这也是融洽关系的一种手段。

（3）抓住实质

对各种问讯，应能抓住要害，提炼出问讯者要解决的关键问题，这样才能有针对性地进行处理。

（4）认真解答

对问讯者提出的问题要认真对待，不能敷衍了事。能即时解答就即时解答，不能即时解答也要作出负责任的承诺，让问讯者感到他的问题被重视。

（5）迅速上报

对问讯者提出的重要问题和需要上级领导及其他部门处理的问题，应及时上报和通报。

（6）解决问题

最终解决问题是处理公众问讯的重要原则，有关人员要为贯彻这一原则作出努力。

3.2.2　与主要内外公众的事务性联系

事务性联系是日常性的公共关系工作。一般分为与内部公众的事务性联系和与外部公众的事务性联系。

1. 与内部公众的事务性联系

组织内部的主要关系是上下级之间的关系。组织领导层与各级管理层及员工的联系，表现为上情下达和下情上报。组织内部机构相互之间的联系是横向联系。

（1）上情下达

主要的联系方式有：会议、文件、通知、内部报刊、手册、谈话、看望等。

（2）下情上报

主要的联系方式有：书面报告、口头汇报、邀请视察和参观等。

（3）横向联系

主要的联系方式有：简报、会谈、人际交往等。

2. 与外部公众的事务性联系

社会组织与外部相关顾客、新闻界、政府主管部门、社区等的日常事务性联系，主要有工作或业务上的交流及感情上的联络。

（1）工作交流

通过面谈或电话、电传、电子邮件、书信等方式进行情况交流、工作磋商。

（2）感情联络

通过拜望、宴请、祝贺电函、联谊活动等表达友情和合作的愿望。

【案例1】

××市某房地产建设项目沟通协调计划

一、项目基本情况

三期项目总体概述：三期项目是整个社区的重要部分，处于中央组团的核心位置，对整个小区的品牌品质具有极大的影响。三期建筑面积13万平方米，酒店1幢，住宅8幢。

总体目标：建成××市具有南洋风情的特大景观小区。

进度目标：三期竣工时间为2007年5月1日。

主楼主体进度：2006年5月1日完工；装修至主楼验收：2006年10月1日；配套及景观：2007年5月1日。

质量目标：××市安全文明工地、××市市优工程、力创省优。

成本目标：控制在 2.6 亿元（包括主楼及配套和景观成本）。

二、内外沟通

项目是一个整体，涉及面广。总部总工办作为工程最高统率部门，要做好工程项目的统筹计划工作，包括工程的范围管理、质量安全、投资控制、进度、人员、内外沟通、风险管理等计划，这样才能在施工管理过程中起到有的放矢的作用，更好地做好控制协调工作。例如，定期召开工程技术专题会，加强内部沟通，防止各专业人员各行其是；加强外部沟通，防止因为部门不协调影响项目进程，及早将问题解决于萌芽之中。工程施工不仅是总部总工办的分内职责，同时涉及到材料部门、预算部门、项目办前期，各部门只有紧密配合，才能达到良好效果。

（一）与总部人员的沟通

安排专人与总部总工办联系，解决当前紧要问题。

（1）督促总部住宅集团让××设计院尽快拿出三期报建方案，项目办才能开始三期项目的前期手续工作，报建方案经规划局批准后，才能进行地质勘察工作。

（2）完成三期的设计交接工作，做好平稳过渡。

（3）以后施工阶段遇到需总部总工办解决问题再及时联系。

（二）与分集团领导沟通

及时制定出三期项目计划，安排工程进度，说明质量目标、成本情况。便于上级领导及时了解情况，作出英明决断。计划每月写一份绩效报告，汇报项目正在进展情况、存在问题及解决办法、项目今后工作安排。

（三）与分集团各部门的沟通

项目是一个有机整体，工程施工不仅是总工办的分内职责，同时涉及到材料部门、预算部门、项目办前期，各部门只有紧密配合，才能达到良好效果。

项目前期总工办配合项目办工作：

（1）配合项目办做好总规报批，同××设计院协调，提出工程技术方面的意见，尽快将总规拿下，便于其他手续的办理和各项工作的开展。

（2）施工图审查前期阶段，配合项目办做好具备审图的条件，提前签好白蚁防治合同、商品混凝土合同、天然气合同。

（3）施工图审查阶段配合项目办解答建设行政主管部门提出的疑问，尽量使我方的施工图少作调整。

（4）招标备案阶段，配合项目办办好监理招标、施工招标等重大招标事项，提供相关资料。

（四）与材料部门的协调

（1）待××设计院施工图纸完毕，各部门碰头一致后，将甲供材料列清单交与材料部门，让其尽早询价。

（2）尽量在施工阶段及早寻价，不至于影响三期工程进度。

（五）与设计院、监理单位的沟通

设计方面：1. 从总部接手深圳设计院后，做好与该院的沟通，督促其尽快完成施工图纸。并在设计图纸完毕后，同设计院沟通协调做好设计阶段投资控制；

2. 搞好深圳设计院和景观设计公司三期的协调工作。使景观设计公司尽快找到三期项目的切入点。尽早完成三期项目的景观设计（在不影响二期景观设计的前提下）。

（六）与×市建设行政部门的沟通

对建筑市场和建筑活动实施管理的机构主要有两大类，一是政府管理机构；二是行业管理机构。它们站在不同角度，对建筑行业的运行、建筑市场的规范、建筑活动的开展等有关方面进行管理和监督。具体包括：与×市建设工程交易中心、建设造价管理站、建设工程质量安全监督站等部门沟通，接受其管理和监督，确保工程质量。

（七）与各施工单位的沟通

各施工单位通过投标，用承包方式获取施工项目，项目办和各施工方通过谈判方式签订建筑工程施工合同，明确双方的权利和义务，确保工程顺利进行。

【任务拓展】

（1）每2～3人为一组，轮流扮演房地产公共关系人员和宾客，练习掌握拜访与接待的程序。双方的关系和客人的身份要有所变化。

（2）每2人为一组，轮流扮演讲者和受话者，练习打电话的基本程序。

（3）找一个合适的机会，主动与家长谈一次话，尝试进行双方的沟通。要积极理解家长的心愿，同时也尽力使家长了解自己。在此基础上，努力改正自己的缺点和不足，与家长建立起良好的关系，使之成为学习和成长的动力。

（4）分析一下自己与周围同学以及班级中同学之间的关系现状，真心实意、讲究方法、灵活多变地进行积极的沟通协调，建立起良好的同学关系和班风。

房地产公共关系信息传播

【任务目标】

（1）了解大众传播媒介的类型和特点，能够根据公共关系目标的需要对传播媒介进行比较和选择。

（2）掌握与媒介交往的原则和方法，能与媒介人员进行联络交往。

（3）了解收集信息资料的原则和方法。

（4）能够准备新闻发布资料和布置新闻发布会现场。

（5）了解三种基本类型新闻发布稿的适用范围和写作要求。

（6）了解新闻稿的结构，能撰写各类新闻稿。

（7）了解公共关系广告的类型。

【任务背景】

刘小评所在的房地产公司正在进行某国际房地产项目开发，公司安排小评所在的营销部负责项目的对外宣传工作。为了作好宣传，完成公司的任务，小评需要了解各种媒介的特点以及运作方式，掌握信息传播的知识与技巧，学会与新闻媒介打交道，努力建立良好的媒介关系，同时，要能够熟练地撰写和制作各种类型的信息传播作品。

过程 4.1　组织信息传播

4.1.1　大众传播媒介的基本类型和特点

大众传播媒介包括印刷传播媒介——报纸与杂志，电子传播媒介——广播与电视、因特网等。这些传播媒介对公共关系工作具有十分重要的意义。

1. 印刷传播媒介

印刷传播媒介是指借助于可视的语言文字符号传送社会信息的各种载体，包括报纸、杂志、书籍等。它们具有优于言语交流的一些特征，比如记录性、扩散性、渗透性和准确性。公共关系传播工作离不开报纸、杂志，要通过报纸、杂志去搜集公众的信息，更要通过报纸、杂志向公众传播信息。

（1）报纸传播信息的特点

1）报纸发行量大，覆盖面广，信息面宽，可根据国内新闻信息的情况刊登要闻简讯和详细报道。

2）报纸储存性能好，读者可以根据自己的需要随时翻阅查找有关信息。

3）报纸主要以文字传送信息，信息的理性化程度较高，可以给人们一个思考记忆的机会。

4）报纸一般制作、印刷快而简便，成本较低，方便人们订购。

5）在传播新闻的速度上不如广播和电视及时。

6）受文化条件的限制，受众面不如广播和电视宽。

7）报纸缺乏动感音效，不如电子媒介那样生动形象，吸引力不强。

（2）杂志传播信息的特点

1）杂志上的文章常常带有资料性、学术性，对信息内容的处理比较深入、系统，保存期限一般较长，传阅率高。

2）杂志是分门别类的，内容较专一，读者比较固定，因此宣传的目标有明确的指向性，可以有效地掌握目标公众。

3）由于杂志的容量比较大，所以可以图文并茂、深谈细论，对读者有较大的吸引力和感染力。

4）杂志的出版周期长，传送信息较慢，不能迅速、及时地报道新闻事件，不适宜作时效较强的宣传。

5）杂志截止时间长，中途发生变化，修改版面困难大，表现手法不如电视活泼。

6）受文化条件的限制，杂志的发行范围不广，阅读面较窄，宣传接触度逊于电视和报纸。

2. 电子传播媒介

电子传播媒介是以电波的形式传递声音、文字、图像，运用专门的电器设备作为发送和接收信息的载体，包括广播、电视等。由于电子媒介具有的特点，可产生比其他传播媒介更广泛的影响，成为公共关系活动经常使用的媒介。

（1）广播传播信息的特点

1）传播迅速，覆盖面广。电子信息制作快捷，即时传播。借助覆盖全球的卫星发射系统，可以做到现场采访，即时传播。

2）广播的信息诉诸人的听觉，主要以语言和音响作为传播手段，收听状态可以不受工作时间的限制，非常方便。

3）广播主要以语言为传播手段，不论男女老幼，文化程度高低，只要具有听觉就可以收听。

4）广播节目制作过程较为简易，可以迅速制作，成本较为低廉，适合作时效性强的信息传播。

5）广播信息受时间限制，且稍纵即逝，如果不及时录音，内容无法保存。

6）听众收听广播，受电台播出时间的限制，自主性差。

7）广播缺乏直观性，对公众的感染力不大。

（2）电视传播信息的特点

1）电视最大的特色是融文字、声音、图像、色彩于一体，生动形象，具有较强的吸引力。

2）电视以电波传播为媒介，传播速度快，感染力强。

3）电视集各种媒介之长，运用多种艺术手段，可以发挥出其他任何传播媒介难以单独发挥的功效，最富娱乐性。

4）电视传播的信息稍纵即逝，人们不便记录、保留和查找。

5）电视的播放节目有固定时间，观众选择的余地很小。

6）电视节目的制作、播放和接收，均需要比较昂贵的设备，节目制作要求水准高，限制了某些中小企业的信息传播。

3. 因特网

因特网是指全球最大的、开放的、由众多网络互联而成的主要采用 TCP/IP 协议的计算机网络以及这个网络所包含的全世界范围内的巨大信息资源。从网络的角度讲，因特网是一个国际性的计算机网络集合体，它集现代通信技术、现代计算机技术于一体，是一种在计算机之间实现国际信息交流和共享的手段；从信息资源的角度讲，因特网是全球范围内最大的信息资源，该信息资源之大，超过任何一个人的想象力。

（1）因特网的主要特点

1）它是一个开放、互联、覆盖全球的计算机网络系统。

2）因特网是不同类型计算机交换各类信息的媒介，具有世界上最丰富的信息资源。

3）因特网是一个分组交换系统，采用客户机/服务器模式，使用 TCP/IP 协议。

计算机只要联入与因特网互联的任何一个网络或任何一台服务器即可加入因特网。由此可见，我们不能将因特网仅仅看成是一个国际性计算机的网络即一种互相连接在一起的物理实体，更重要的是，它是一个面向全世界、全社会的巨大的信息资源。作为物理实体的计算机网络只是信息传播的载体，而巨大的信息资源才是因特网的生命力之所在。

（2）因特网的服务功能

因特网含有极丰富的信息资源，并能让处于异地的计算机方便地进行信息交流与资源共享。人们利用因特网可以进行科学研究、文档查询、联机交谈、网上购物等，因特网给人们的工作、学习和生活带来了极大的便利。

（3）因特网对公共关系传播的意义

因特网是现代计算机技术、通信技术的硬件和软件一体化的产物，代表了现代传播技术的最高水平，是人类传播史上的第四个里程碑。它的出现，将根本改变人类的传播意识、传播行为和传播方式，并影响到人类社会生活的方方面面。因特网这种全新的媒介科技，具有与传统的大众媒介和其他电子媒介不同的传播特征，主要表现在以下几个方面：

1）范围广泛。因特网实际上是一个由无数的局域网（如政府网、企业网、学校网、公众网等）联结起来的世界性的信息传输网络，因此，它又被称为"无边界的媒介"。

2）超越时空。因特网的传播沟通是在电子空间进行的，能够突破现实时间的许多客观的限制和障碍，真正全天候的开放和运转，实现超越时间的异步通信。

3）高度开放。因特网是一个高度开放的系统，在这个电子空间中，不分制度，不分国界，不分种族，任何人都可以利用这个网络平等地获取信息和传递信息。无论对传播者还是受传者来说，在因特网这一媒介中都享有高度的自由。

4）双向互动。因特网成功地融合了大众传播和人际传播的优势，实现了大范围和远距离的双向互动。在因特网上，不仅可以接触到大范围、远距离的观众，而且受众的主动性、选择性和参与性大大加强，使得传播沟通的双向性大大加强。

5）个性化。在因特网上无论是信息内容的制作、媒体的运用和控制，还是传播和接收信息的方式、信息的消费行为，都具有鲜明的个性，非常符合信息消费个性化的时代潮流，使人际传播在高科技的基础上重放光彩。

6）多媒体，超文本。因特网以超文本的形式，使文字、数据、声音、图像等信息均转化为计算机语言进行传递，不同形式的信息可以在同一个网上同时传送，使因特网综合了各种传播媒介的特征和优势。

7）低成本。相对其巨大的功能来说，因特网的使用是比较便宜的。其主要原因是目前因特网充分利用了现成的全球通信网络，无需重新投资建设新的通信线路设施。在通信费用方面，无数局域网分别分担了区域内的通信费用，而个别用户只需支付区域内的通信费用，因此，即便是进行全球性的联络，也只需支付地方性的费用。

由于因特网具有以上与传统的大众媒介和其他电子媒介不同的传播特征，作为政府、学校与企业，欲与自己的相关公众进行有效的沟通时，会不约而同地选择因特网这个双向交流与沟通的渠道。因特网包含着巨大的信息资源，其双向交互式的信息传达方式与公共关系所倡导的"双向交流与沟通"的观点十分吻合。

如今，"网上公关"、"网上广告"对大多数组织与公众来讲，已经不再仅仅是一个词语了。作为公共关系工作人员，如果不懂得如何运用因特网的强大功能来从事公共关系活动的话，他就可能成为一个信息化社会的落伍者。

了解了以上各类传播媒介的特点和功能之后，公关人员在运用它们进行宣传时，就要有所比较，有所选择。比如，如果你宣传的对象是现场感比较强的事物，如开张典礼的盛况或某项活动的过程，那么，采用电视报道的形式比较好，因为它能使人产生身临其境的、真切的感受。当然，电视报道虽然生动，却具有暂留性，不便查考，因而不大适合传播那些具有复杂内容的信息。广播同样不适合传播较为复杂的信息，因为播音速度快，听众来不及仔细琢磨其中的道理，如果思维停留在某一句话上，后面的内容就要错过了。因此，传播那些复杂而内容深刻的信息时，应选用报纸，因为文字符号的抽象性以及读者阅读时的反复咀嚼，仔细思考，使报纸的对新闻事件进行深入的挖掘，高度抽象的概括，由表及里的分析。报纸最适合于作深度报道。对那些不需要较强时效，又要做深入细致报道的信息，还可以考虑利用杂志进行传播。此外，如果是做广告，则更要注意报纸、杂志、广播、电视几种媒介费用的不同。比较而言，报纸费用最低，其次是广播或杂志，费用最高的是电视。公关人员对此应当心中有数，根据费用预算情况选择新闻媒介。

4.1.2　与媒介交往的原则和方法

1. 与媒介交往的原则

公关人员与新闻媒介人员交往的时候要坚持的原则是：主动热情，经常联系；尊重信赖，加强合作；实事求是，真诚坦率；不卑不亢，友好守法。

各行各业都有相关的法律政策规定，新闻业也不例外。目前我国虽然还没有正式的新闻出版法，但是主管部门在长期处理各种有关新闻、出版事务的过程中，已经形成了一整套法律、法规和政策规定，公关人员在与新闻媒介打交道的过程中要依法办事。对这方面的规定，我们作一简单的介绍。

有关新闻的政策法规涵盖了新闻传播活动的各个方面，涉及的范围包括新闻发布与新闻发布会、新闻报道、禁载、职业道德和禁止"有偿新闻"、保密、著作权、报纸管理、印刷和发行、广播电视管理、在华外国记者和新闻机构的管理以及港澳台记者到祖国各地采访的管理、广告管理、经营管理、语言文字、专业标准等方面。

（1）关于新闻发布

国务院办公厅《关于在京举办新闻发布会问题的补充通知》（1993 年 8 月 8 日）规定：

1）国务院各部门和各省、自治区、直辖市及计划单列市在北京举办新闻发布会，应以改革开放、经济建设、精神文明建设和人民群众关心的重大问题为主要内容。

2）国务院各部门和各省、自治区、直辖市及计划单列市在北京举办新闻发布会可自行决定，抄报新闻出版署备案。北京市所属单位召开的新闻发布会报北京市人民政府批准，批件抄报新闻出版署。国务院各部门和各省、自治区、直辖市及计划单列市所属单位，以及企事业、群众团体和个人在北京举办新闻发布会，应先分别由国务院有关部门和有关省、自治区、直辖市、计划单列市人民政府审核批准，持审核同意的批件，到新闻出版署办理登记手续。具体登记办法由新闻出版署制定。

3）凡涉及物质产品、科技成果、技术专利等内容的新闻发布会，登记时应提供省、自治区、直辖市、计划单列市以上质量、监督、检验、专利等主管部门的认定书或证明书。

4）应登记而未登记的新闻发布会，新闻单位不予采访，不作报道。

5）举办新闻发布会的单位要严格遵守新闻必须真实的原则，不得泄露党和国家的机密。

6）举办新闻发布会要贯彻节俭精神，不得以任何名义向记者和新闻单位赠送礼金、有价证券。新闻发布会的规模要适当，要讲求实效。

（2）关于新闻报道

自 2005 年 12 月 1 日起施行的《报纸出版管理规定》指出：报纸不得刊载《出版管理条例》和其他有关法律、法规以及国家规定的禁止内容。

1）关于刊载虚假、失实报道。报纸开展新闻报道必须坚持真实、全面、客观、公正的原则，不得刊载虚假、失实报道。报纸刊载虚假、失实报道，致使公民、法人或者其他组织的合法权益受到侵害的，其出版单位应当公开更正，消除影响，并依法承担相应民事责任。报纸刊载虚假、失实报道，致使公民、法人或者其他组织的合法权益受到侵害的，当事人有权要求更正或者答辩。报纸应当予以发表，拒绝发表的，当事人可以向人民法院提出诉讼。报纸因刊载虚假、失实报道而发表的更正或者答辩应自虚假、失实报道被发现或者当事人要求之日起，在其最近出版的一期报纸的相同版位上发表。报纸刊载虚假或者失实报道，损害公共利益的，新闻出版总署或者省、自治区、直辖市新闻出版行政部门可以责令该报纸出版单位更正。

2）关于突发性事件的报道。中共中央办公厅、国务院办公厅《关于国内突发事件对外报道工作的通知》（1994 年 8 月 24 日）规定：突发事件（包括突然发生的重大的政治社会事件、恶性事故、涉外和涉台港澳事件等）的对外报道，要充分考虑事件的复杂性、敏感性和报道后可能产生的影响。报道要有利于我国的改革、发展和稳定，有利于维护我国的国际形象。报道必须真实准确，争取时效，把握时机，注重效果……突发性事件对外报道要按照党中央和国务院的统一部署进行，具体工作由中共中央对外宣传办公室组织协调，归口管理。

3）关于舆论监督。中央宣传部关于转发《中宣部新闻研修班研讨纪要》的通知（1989 年 3 月 6 日）指出：正确发挥舆论监督作用，新闻单位要坚持实事求是的原则。在法院判定之前，不要给被揭露者肯定罪名。公开揭露的重大问题要公开交代处理结果。批评的人和事应选择具有普遍的教育、警醒意义的典型，根据不同时期党和政府需要着重解决的问题来确定并形成批评的主调，避免不加区别地指责，使人无所适从。要坚持真理，修正错误，对事实准确的批评要敢于坚持，批评如果失实要公开更正。

（3）关于禁播

自 1997 年 9 月 1 日起施行的《广播电视管理条例》指出：广播电台、电视台应当提高广播电视节目质量，增加国产优秀节目数量，禁止制作、播放载有下列内容的节目：

1）危害国家的统一、主权和领土完整的。

2）危害国家的安全、荣誉和利益的。

3）煽动民族分裂，破坏民族团结的。

4）泄露国家秘密的。

5）诽谤、侮辱他人的。

6）宣扬淫秽、迷信或者渲染暴力的。

7）法律、行政法规规定禁止的其他内容。

（4）关于职业道德和禁止"有偿新闻"

中央宣传部、新闻出版署《关于加强新闻队伍职业道德建设，禁止"有偿新闻"的通知》（1993 年 7 月 31 日）指出：新闻单位和新闻工作者不得接受被采访或被报道者以任何名义给的礼金和有价证券，不得向被采访或被报道者索要钱物；各单位不得以任何名义向新闻单位和新闻工作者赠送礼金和有价证券，也不得以重奖的办法吸引新闻工作者到本地区、本单位采访报道。

新闻与广告必须严格分开，不得以新闻报道的形式为被报道单位作广告。凡属新闻报道，新闻单位不得向被报道者收取任何费用；凡收取费用而刊播的，应标明为"广告"。

新闻报道与经营活动必须严格分开。记者、编辑不得从事广告业务，从中牟利。

各新闻单位要在新闻工作人员中深入地开展新闻职业道德和法制纪律教育，制定自我监督自我约束的规定，接受社会监督。对新闻队伍中廉洁清正、模范遵守法纪和职业道德的集体和个人，要大力表彰，弘扬正气。对违法者要严肃处理。

2. 与媒介交往的方法

对公关人员来说，媒介的记者和编辑就是他们的顾客。最好的顾客服务就是站在顾客的立场上尽量满足顾客的需求。公关人员应该把与媒介建立良好和持久的关系作为一个重要的工作目标，实现这个目标需要时间、耐心和技巧。具体说，要做到以下几点：

（1）了解熟悉媒介

公关人员必须了解记者和编辑的报道范围，熟悉他们所服务媒介的编辑方针，了解媒介报道的运作过程，知道媒介的需求，从而能急媒介所急，想媒介所想，投媒介所好。

（2）先付出和给予再收获

在媒介提出采访要求时，公关人员要千方百计满足记者对信息的要求，自己也应该经常向媒介提供有新闻价值的信息，主动把自己当成媒介的消息来源。

（3）保持经常性的联络

公关人员要避免成为匆忙而过的推销者，应该适时运用电话、电子邮件、传真、信件、见面会晤等方式，与媒介人员保持经常性的联络。

4.1.3 信息资料的收集

1. 信息收集的原则

公共关系活动中的信息资料收集工作，是按照一定的公共关系目的汇集各种信息的过程。信息收集分为零次信息收集和一、二次信息收集两种。零次信息收集，是通过直接调查的方法采集原始信息。一、二次信息收集，是取自各种载体，如报纸、广播、电视等的文字、图表、数据、符号。信息资料的收集需要掌握以下原则：

（1）针对性

即根据实际需要，确定收集信息的内容范围和重点。

（2）计划性

即根据财力、人力等可能条件和信息的情况，确定收集信息的数量和规模，制定收集计划。

（3）预见性

即在收集信息时，既要考虑当前的需要，又要适当考虑长远的需要。

（4）系统性

即要保证信息的完整性。

（5）科学性

即在调查研究、了解信息源及其变化规律的基础上，采用科学的方法，进行有效的收集、存储和处理。

2. 信息资料的分类

对于企业公关部门（人员）来说，应重点收集以下几方面的信息资料：

（1）企业自身的信息

有关企业自身的信息主要包括两类：①公众对组织总体形象的评价。如机构设置如何，管理水平如何，人员素质如何，服务质量如何等。②对组织产品形象的评价。如产品质量、品种、花色、规格、款式、价格、售前售后服务如何等。这些信息绝大部分可以通过新闻媒介获得。

（2）公众需求方面的信息

公众需求既是组织生存发展的依据和动力，又是公众利益和兴趣的具体体现。公众的需求是多方面、多层次的，一般可以分为物质需求和精神需求两个方面。此类信息亦可通过收集和分析媒介新闻获得。

（3）同行竞争者的信息

企业要善于从竞争对手那里学习经营之道，以人之长补己之短，同时要善于观察对方的发展动向，如现实情况、未来打算、决策与管理的经验、教训等，以便采取相应的对策。

（4）其他社会信息

国际国内形势的变化、组织所在社区环境的变化、社会时尚潮流的变化等，都可能对组织造成影响。因此，组织要善于收集、分析社会各方面的信息，包括国内外政治、经济、文化、科技等信息，为决策部门提供充分的依据。

（5）新闻媒介报道信息

每一个公关活动、公关项目都追求最佳的传播效应，需要进行媒介监测，收集媒介相关的文字、图片、音像报道等信息，以便进行公关传播效果评估。

建立新闻资料库时，公关人员可在以上五项分类的基础上作更为细致的分类。

3. 收集新闻资料的方法

新闻剪报是收集新闻资料的最基本的方法。它的操作方法是：

（1）决定资料的取舍

报纸刊登的新闻数量很大，不可能全部采用，只能有取有舍。决定取舍的原则是：对各报所报道的同一事件的资料，选择报道最详细的报纸剪贴；各报所载资料内容完全相同时，选择最容易剪裁的报纸剪贴。如果所收集的信息涉及某项公关项目的传播效果评估，则信息要细致全面。

（2）剪裁

用剪刀将选定的资料按原有的版栏边线剪裁，以便粘贴。

（3）粘贴

将所有剪裁下来的资料粘贴在活页资料剪贴纸（A4 打印纸或质地更硬的纸张）上。一张资料剪贴纸限贴一份资料，以便分类。需要注意的是：一种资料登载在两处时，应随时合并贴在一处，以免散失；剪裁的资料面积大于资料剪贴纸时，必须将其向后折成小于剪贴纸的折页，标题字尽量露出，以便辨识资料内容。

（4）归类

新闻资料粘贴完毕后，即行归类：①填注剪贴纸上的资料来源（含报名、日期），按照分类方法加以编号。②填写每日剪报登记表。资料如无适当类别可归附，暂放最后一类"综合资料"中，待日后同一类资料渐增，再修订分类表，并将资料分出。

（5）装订

新闻资料剪贴纸的数量积累到一定程度后，就要装订成册，也就是说，所用的资料剪贴纸必须是活页，不能预先装订成册。资料剪贴纸在装订时必须加装封面夹，前面还要留出几张空白纸，以备抄录该册内所包含的标题目录。这种标题目录是最经济、最简便的索引方法。活页的资料剪贴纸装订成册后，应加装剪贴资料封面，并列出类别、子目、标题、页数、来源、时间、收集人等项。对有关的媒介监控和评估的剪报，通常还附有报道数量统计或报道分析，大致内容包括：

1）收集时段。

2）收集范围。

3）报道总计：平面媒介；网络媒介；电视台、电台。

4）媒介报道分析：①媒介类型：综合媒介；行业媒介；专业媒介。②报道篇幅统计：报道篇数；报道篇幅（字）；③配图情况；④地域分布：全国媒介；地方媒介。

除了文字信息资料之外，公关人员还应当注意声像信息资料的收集和整理，通过录音、录像等手段扩充资料来源，可利用磁带、磁盘、软盘、光盘、缩微胶片等介质和设备来记录和存储信息。

以上是收集新闻资料最传统、也是最原始的方法。随着社会的进步和经济的发展，网络传播已进入人们的生活，公关部门应当利用计算机网络所提供的高质量、高速度传输的优势，将公关部门的终端同中心网络连接起来，从而及时有效地获取和检索资料，实现信息资料管理的网络化。

过程 4.2　新闻发布

4.2.1　新闻发布的准备

组织机构的生存和发展离不开信息。组织机构在取得成就时要与公众分享自己的喜悦，在遭遇突发事件时要向社会说明事件的真相和自己的态度，在这些情况下，组织机构往往要考虑在适当的时候通过一定的形式和渠道把那些重要的信息向社会公众进行发布。利用新闻媒介进行的信息发布活动就是新闻发布。因此，新闻发布一般是指组织机构在取得突出成绩或面临重大变故时向新闻媒介公布信息的活动。

在现代社会中，新闻发布活动的典型形式是新闻发布会。新闻发布会又称记者招待会，是组织机构为发布重大新闻或阐述重要方针政策而专门邀请新闻记者参加的会议。

新闻发布会的基本功能是：①提高知名度。通过发布信息，引起公众对组织机构的关注。②开展媒介关系。通过活动为新闻界提供了解自己的机会，借以建立或进一步巩固与新闻界的关系。③影响舆论。通过阐述组织机构的方针政策，引导公众意见和态度朝着对组织机构有利的方向转化。

新闻发布会是现代组织机构从事信息传播的一种十分正规和隆重的活动。它的参与者是对社会发展有特殊影响作用的新闻记者。活动的成败事关组织机构发展的大计，不允许出现差错和失误。对此，公共关系人员要有十分清醒的认识。

1. 准备新闻发布资料

新闻发布资料就是新闻发布的凭据。不同的组织机构或同一组织机构出于不同的目的，所需要的新闻发布资料都是不同的，这就要求事先对新闻发布资料作一个大致的分类。按实际应用的需要，新闻发布资料可以分为以下三种类型：

（1）综合性资料

综合性资料指那些能系统地概括组织机构的运营状态，准确地反映组织机构整体面貌的材料。任何一个村庄、一座城镇，都有自己的历史，都坐落在某个特定的区域，有一定的人口规模和结构，有自己的生存方式和发展目标。任何一家商场、一家公司，哪怕只是成立一天，也都有自己的历史和现状，有自己的经营范围、产品结构、市场分布、服务网络，优秀的企业往往还有自己的经营理念、企业文化、知识产权等。这些就是新闻发布会的综合性资料。

（2）专业性资料

任何组织机构都从属于一定的行业领域，每一个领域都有自己的专业性质和技术特点。专业性资料就是指那些与本组织机构所在的行业相关的专业技术材料。

用于新闻发布会的专业性资料主要包括：

1）专业技术标准。本组织机构依据什么样的标准从事生产或提供服务——省级、国家级还是 ISO 9000 标准。

2）达标情况。现在提供的产品或服务是否达到标准，经由哪个权威部门验证过。

3）现有技术力量。人员、设备、工艺水平如何。

4）专业术语。本组织机构经常使用并在社会上传播较广的专业术语有哪些，分别表示什么含义，公众应该怎样理解这些术语。

5）针对新闻发布内容准备的其他专业技术资料。

（3）说明性资料

通常，人们讲话都是为了试图说明某个问题。例如，说明一个事物，讲明一个道理，表明一个意向等。此外，人们日常接触的信息资料大部分都是说明性的，如报纸上突出报道"邯钢经验"，说明大型国有企业的改革有了成功的先例；中国"99 政府上网年"工程的启动，说明我国面对知识经济的浪潮正在作出积极的回应等。

此处所谓的"说明性资料"，是指用于解释说明新闻发布会主题的一揽子材料。新闻发布会是一种目的性十分明确的信息传递活动，事先必须准备充分的材料，来说明为什么要举行这个发布会。同时还要预想在一个确定的主题下记者会提出什么样的问题，对这些问题应当如何说明。简而言之，应当围绕新闻发布会的主题来收集说明性资料。其内容主要涉及：

1）本次新闻发布会的主题是什么。向公众发布喜讯，还是针对某个突发性事件要表明本组织机构的态度。

2）该主题的意义。对本组织机构、对公众、对社会环境会产生什么影响。

3）该主题包含哪些内容。主要内容、次要内容、相关内容分别有哪些。

4）对主题内容需要作哪些方面的说明。

5）主题内容是否涉及社会敏感问题，如有记者提问，能否提供有说服力的资料。

（4）实物资料

有些新闻发布会需要准备实物资料。为产品获奖及新产品上市而举行的新闻发布会，可以展示奖杯、证书和新产品样品；为澄清事实而举行的新闻发布会，也可以展示实物资料，作为澄清事实的"物证"；为了加强与新闻界的感情联络，同时也是出于树立品牌形象的需要，有些新闻发布会要提供广告宣传品，这也是实物资料。这些都要事先准备好。

2. 邀请新闻媒介人员

（1）确定新闻媒介

新闻媒介人员就是在新闻单位供职的记者、编辑或技术人员。新闻媒介人员代表不同的新闻媒介，确定新闻媒介是新闻发布会前期准备中的一个重要环节。新闻媒介的选择是否恰当，直接关系着新闻发布会的效果，甚至决定着新闻发布会的成败。确定新闻媒介需要做好两个方面的工作：

1）分析新闻媒介。新闻媒介有各自的宣传宗旨和受众群体，有自己的报道倾向和社会影响力。熟悉新闻媒介，了解不同新闻媒介机构的特点，对制定新闻发布计划，确定新闻发布会的邀请对象是有帮助的。对新闻媒介的分析，需要考虑以下因素：①什么媒介。报纸、杂志，还是广播、电视。这些媒介各有优势，又都有自己的局限性，因此在选择媒介时，既要考虑单一媒介的长处，又要考虑尽可能发挥不同媒介的组合优势。②哪一级媒介。全国性媒介，还是省级、本地媒介。要考虑新闻发布内容需要传播多大的范围。传播范围小了固然起不到宣传效果，盲目扩大宣传范围则不仅会造成浪费，还有可能对开展工作造成被动。③哪一种媒介。综合性媒介，还是专业性媒介。要考虑新闻发布会的主题。

2）确定邀请名单。对新闻媒介的性质进行分析后，就要确定新闻发布会的邀请名单了。一般情况下，邀请名单是以本组织机构为原点，由近及远确定的。第一，与本组织机构有长期的良好合作关系的。第二，与本组织机构有过接触，有初步印象的。第三，对本组织机构有误解，需要加深关系的。第四，与新闻发布会的主题有直接关系的。第五，名气大，通过合适的方式可以邀请到的。

此外，在实际运作过程中，还必须根据新闻发布会的主题和公关目标、覆盖范围、传播深度来选择和确定邀请名单。

（2）邀请新闻媒介人员

在我国，新闻记者肩负着传播信息和宣传政策的双重职能。新闻记者这种比较特殊的社会地位决定了邀请新闻记者要特别慎重，必须合乎规范，不能马虎行事。

1）邀请的程序。邀请新闻记者的一般程序是：①匡算邀请记者的人数，初拟被邀媒介、记者的名单。②与新闻媒介联系，落实被邀媒介、记者的名单。③制作、填写新闻发布会请柬。④发出邀请。对重要媒介要派人正式邀请，对一般媒介可以通过电话口头邀请或通过传真发送请柬。"重要媒介"不一定是级别最高的媒介，但一定是不好邀请，而本次新闻发布会必须出席的新闻媒介。⑤落实出席新闻发布会的媒介及记者的人数。

2）注意事项。主要注意以下几点：①新闻发布会的规模是由新闻发布内容决定的，媒介、记者数量要适中，并不是越多越好。②重要媒介的参与是新闻发布会成功的关键，应当与重要媒介做好沟通工作，以确保其派记者出席。③新闻发布会是正式的活动，邀请记者的程序必须奉行"先公后私"的原则。不论公关人员与记者多么熟悉，都要履行"组织机构——媒介机构——新闻记者"的正规程序。④不要以利益诱惑的方式吸引新闻记者或对记者作特别许诺，这是公共关系职业道德和新闻宣传纪律所禁止的。

3. 布置新闻发布会现场

选择的新闻发布会的地点，要有利于媒介的相对集中，有利于全面、直接地与记者进行沟通，有利于充分展示组织的优良形象。

新闻发布会的场所有三种不同的选择：①可以布置在本组织机构的会议室；②可以选择本地的宾馆；③还可以到异地选择其他场所举行。

（1）会议室发布会现场

组织机构的新闻发布会，多数情况下是在本组织机构的会议室内举行的。在自己"家"里开会，有人可能会觉得是件省钱省力、以逸待劳的事情，实则不然。任何新闻发布会均具有双重职能：发布信息，展示形象。新闻记者为所需要的信息而来，他们同时也会以特有的敏锐目光去审视组织机构的运转状况。如果在记者的眼中出现组织现状与新闻发布内容不协调或互相矛盾的现象，他们会对新闻发布内容的价值大打折扣。因此，组织机构要想借助新闻发布会在传播信息和塑造形象上获得双丰收，必须既有"两条战线作战"的思想准备，又有行动上的上佳表现，即既把组织机构的运转调整到最佳状态，又把新闻发布会现场布置得井然有序。

（2）宾馆发布会现场

规格较高的新闻发布会一般在宾馆举行，现场的布置可以委托宾馆进行。基本设施与布置与在公司会议室内一致。除此之外，要求服务更加规范、周到，服务人员要一律佩戴标有"××公司新闻发布会"字样的绶带。

（3）外地发布会现场

新闻发布会如果需要在外地举行，则可繁可简。规格一般的，可以委托一家宾馆举行。如果事情紧急，新闻发布内容又容易引起新闻媒介关注的，还可以在形式上不拘一格，或借游园活动联络记者，或借文化沙龙发布消息。

总之，异地举行新闻发布会，现场布置的原则是：一般规范与灵活多样相结合；可以因地制宜，不必过分讲求形式；最重要的是保证新闻发布的效果。

4.2.2　新闻发布会的程序

新闻发布会的社会影响面较大，它同时还是一项受不可控因素影响较大的活动。因此，要使新闻发布会取得预期的效果，主持人必须非常熟悉新闻发布会的程序。

1. 新闻发布会程序的特点

（1）条理清晰

组织机构举行新闻发布会一般来说目标比较单一，往往一个主题作主线贯穿始终。因此，新闻发布会的程序比较简单，条理也很清晰。发言人的演讲不是面面俱到的总结性报告，不涉及太多的枝节问题。主持人也应会运用娴熟的技巧把某些记者"旁敲侧击"式的提问巧妙地引至会议主题上来。

（2）节奏明快

节奏明快是新闻发布会的又一显著特点。组织机构的新闻发布会主题比较单一，并沿袭其他大型新闻发布会限定时间的惯例，新闻发言人的演讲和说明往往简洁明快；受新闻媒介截稿时间的限制，新闻记者的工作作风更以快节奏著称。这两方面的因素决定了新闻发布会在程序安排上时间紧凑、节奏明快。

（3）符合规范

新闻发布会是正规、隆重的信息发布活动。多年来的国内外实践形成了基本的规范，并已经以相对固定的程序延续了下来。除非出于组织机构的特殊需要，一般不作大的改动。

2. 新闻发布会程序的内容

（1）宣布开始

主持人宣布新闻发布会开始，致简短欢迎词，介绍议题和议程，推出新闻发言人。

（2）发布新闻

新闻发言人讲话，可以宣读新闻发布稿，也可以按发言提纲发布新闻。

（3）答记者问

由主持人指定提问记者，新闻发言人回答记者的提问。主持人自始至终掌握着时间和节奏，按事先规定的时间，宣布"最后一位记者提问"。

（4）宣布结束

新闻发言人答完"最后一位记者提问"后，主持人宣布新闻发布会结束。

（5）提示会后安排

主持人提示会后记者的活动，如参观生产车间和厂房，赠送纪念品等。

4.2.3 新闻发布稿的写作

新闻发布稿是新闻发布会的基本文件，它要反映新闻发布会的主题、意义，组织机构所持的立场、态度等，是新闻信息内容和组织政策精神的集中体现。可以说，有没有一个成文的新闻发布稿和稿件水平的高低，基本可以衡量一次发布会的水准。

1. 新闻发布资料的核实

这一阶段的工作是在新闻发布资料准备就绪的基础上进行的，撰写新闻发布稿之前一定要核实、整理资料。要将看起来杂乱无章的信息资料核实清楚、理出顺序，可以按照以下两个步骤进行：

（1）寻找源头，核查资料的准确性

"树有根，水有源"——对信息传播过程的研究表明，任何信息都应当有源头。在传播学中，信息的源头叫做"信源"，传播信息的渠道叫"信道"，信息的目的地叫"信宿"。对于处在"信宿"位置（即接收信息）的人来说，他的直接信息来源是"信道"，而不是"信源"。他要检验信息的可靠性，必须沿着"信道"溯流而上，寻找到信息的源头。在新闻发布会举行之前，新闻发布稿撰写者是新闻发布资料的第一"信宿"，他也自然而然地要充当信息传播的"把关人"。为了对新闻发布效果负责，他势必要沿着"信道"寻找到信息的源头，以检验资料的准确性和应用价值。

1) 资料检验的路线。信宿→信道→信源。即撰稿人在获得信息资料后，沿着传递信息的渠道"走"回到发出信息的地方，寻查是谁制造的这些信息。一些关系重大的信息必须找到其确切的源头。

2) 资料检验的标准。信息资料是否有"归属"，即某个重要信息是否能够找到其提供者。

在一般调查研究中，常把资料归属为第一手资料、第二手资料，甚至第三、第四手资料；在演讲学中人们则把演讲中使用的信息分为第一性信息和第二性信息。所谓第一手资料、第一性信息，指尚未经过任何加工整理、也未成为讨论对象的各种原始资料；而第二手资料、第二性信息则指被使用、被解释、被说明过的信息资料。

新闻发布资料也存在一个对信息资料进行归属的问题。被认定为第一手、第一性的信息资料，其价值在于它的原始性和准确性，能提高信息资料的新闻价值，因为记者最感兴趣的莫过于"第一次发生或发现的事实"。对于第二手、第二性信息资料的分析，其一，要看它能否归属到第一性信息那里去，如果能，就是可信的，反之，则不可信；其二，要看它说明了什么，如果包含科学的道理，就有应用价值。一般来说，在新闻发布会上，第三、第四手资料已经基本没有使用价值了。

（2）理顺要素，核查资料的完整性

新闻学中有一个很重要的"6W"理论，即"新闻六要素"——指任何新闻事件都包含何人（Who）、何事（What）、何时（When）、何地（Where）、何因（Why）、何果（How）6个要素。在实际报道中，并不要求每一则消息都是6个"W"俱全的。但对于采集新闻素材的新闻采访过程而言，必须将6个"W"一一核对清楚，否则就弄不清事实的真相。

以此为基础，有人提出了"8W"理论，即除上述6个"W"之外，再加上（什么主题）（What Theme）和（事件有何意义）（With What Meaning），而成为"八要素"新闻发布资料的准备也是这样：一次发布会要表达什么主题，用什么内容去实现主题，现有的资料是否充实完备，时间、地点、人物、事件、原因、结果是否明晰，都要准确无误地梳理出来，如图4-1所示。

完成上述两个步骤，获得了既准确、完整，

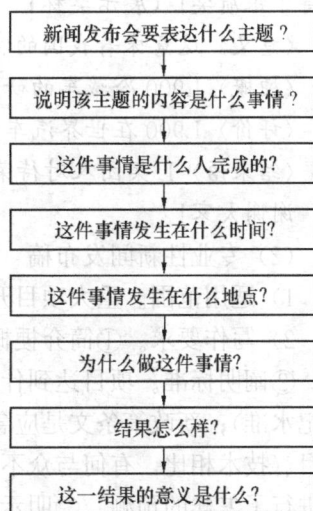

新闻发布会要表达什么主题？
↓
说明该主题的内容是什么事情？
↓
这件事情是什么人完成的？
↓
这件事情发生在什么时间？
↓
这件事情发生在什么地点？
↓
为什么做这件事情？
↓
结果怎么样？
↓
这一结果的意义是什么？

图 4-1 核查新闻发布资料"八要素"理论

又有明确意义的资料，就可以着手写作新闻发布稿了。

2. 新闻发布稿的写作

任何新闻发布会都必须有明确的主题，提倡什么、反对什么、说明什么，都要清清楚楚、明明白白地在新闻发布稿中体现出来。按不同的主题划分，新闻发布稿大致有三种基本的类型：喜庆性新闻发布稿、专业性新闻发布稿和突发性新闻发布稿。

(1) 喜庆性新闻发布稿

1) 适用范围。开业、周年庆典和产品获奖等有喜庆色彩的事件。

2) 写作要求。①简介梗概。简明扼要地介绍事件的梗概，细节可以放在答记者问时介绍。②体现价值。体现事件的本来价值，如"全国第一家"、"同行业第一个金质奖"等。③突出意义。事件有多大的社会意义，如对公众的价值、对社会环境的益处等。④"一少一多"。自我赞美之辞要少，引用专家、社会舆论的赞语要多。⑤"一低一高"。低调处理个人在事件中的作用，着力提高团队整体实力和组织形象。⑥言而有据。类似"全国第一家"等的结论有无出处。

以产品获奖为例，喜庆性新闻发布稿的格式见实例。

【实例】

L900 冷藏车获奖新闻发布稿

〈称呼〉各位记者朋友：早上好！

〈主题〉现在，我以激动的心情向各位，并通过各位向关心 L 集团发展的所有朋友宣布：L 集团自行设计、制造的 L900 冷藏车在刚刚结束的世界汽车博览会上获得了银质奖！（展示奖杯）

〈意义〉这意味着我国的特种国产汽车已经领先一步走向世界……

〈梗概〉L900 冷藏车的研制是从 1996 年开始的……

〈评价〉L900 在世界汽车博览会上获得的赞誉……

〈结束语〉L 集团人对待荣誉的态度：……

谢谢大家！

(2) 专业性新闻发布稿

1) 适用范围。重大项目开工、科技成果转让、新政策条文实施等。

2) 写作要求。①简介梗概。简明扼要地介绍事件的梗概，不要纠缠于技术细节。②阐明标准。项目达到什么标准（20 世纪 90 年代发达国家先进水平还是 21 世纪水准）；新政策条文是应急措施还是适应未来发展需要。③体现个性。与同类项目、技术相比，有何与众不同之处。④突出效益。对项目或科研成果的综合效益进行了怎样的预测。⑤明示代价。明确告诉人们采用新成果、新条文需要付出什么代价。⑥体现权威性。重大项目的论证和科技成果的鉴定是否有权威部门的监督。⑦做好"翻译"。尽可能把专业技术术语"翻译"成普通公众能听懂、看懂的"白话"。

以政府办公用品统一采购为例，专业性新闻发布稿的格式见实例。

【实例】

政府办公用品统一采购新闻发布稿

〈称呼〉各位记者朋友：早上好！

〈主题〉现在，我代表S市政府办公厅向各位，并通过各位向关心S市廉政建设的社会各界朋友宣布：S市政府决定自即日起实施政府办公用品统一采购制度！

〈梗概〉为此，S市政府决定采用新办法……

〈说明〉我们所说的政府统一采购，是指……

〈效益〉据测算，采用新办法后经济效益是……社会效益是……

〈代价〉实施新办法需要的条件是……

〈结束语〉S市政府办公厅欢迎社会各界朋友的监督！

（3）突发性新闻发布稿

1）适用范围。内部突发危机事件需要说明事实真相、外部突发事件需要表态等。

2）写作要求。①态度在先。属于自己失误的要先作自我批评；对造谣中伤者决不姑息；对外部突发事件要敢于表态。②说明真相。简要介绍发生的事件经过及真相。③讲清原因。事件是人为的失误，还是形势不可逆转、结局不可抗拒，大致各占几分因素。④总结教训。有哪些教训可以总结，最应当使他人和自己今后警惕的是什么。⑤亮出措施。拟采取的措施是什么，何时开始实施。⑥作出承诺。是否能保证今后不再重犯类似错误。

以某化工厂毒气泄漏，引发附近居民中毒事故为例，突发性新闻发布稿的格式见实例。

【实例】

某化工厂毒气泄漏事故新闻发布稿

〈称呼〉各位记者朋友：早上好！

〈主题〉今天请各位来，是要通过各位所在的新闻媒介向社会各界朋友致歉！

〈真相〉在座的各位可能已经知道，我们厂的××生产车间发生了毒气泄漏的严重事故，目前已经造成的实际损失是……在这里，也提醒各位注意，目前社会上的某种说法是没有根据的。

〈原因〉经初步查明，事故的原因是……

〈教训〉教训是沉痛的，它使我们……

〈措施〉事故发生后，我们采取的措施是……

〈结束语〉事故已经发生，恶果已经酿成。我们决心……

过程 4.3　新闻稿的结构和撰写要求

撰写新闻稿，是公共关系人员利用大众传播媒介对公众施加影响的重要手段，也是组织机构与新闻界保持密切联系的纽带和桥梁。

这里提到的新闻是一个狭义的概念，特指消息。公共关系人员提供给新闻媒介的新闻稿一般用的都是消息的形式。

消息是新闻媒介最常用的一种新闻报道体裁，它以最直接、最简练的方式迅速及时地告诉大众发生了什么事情。

4.3.1　新闻稿的结构

新闻稿的结构指的是新闻材料的安排方式，也叫构思方式。它是作者对新闻事实某种内在秩序的认识和所采取的表达形式，是主观与客观的统一。

由于新闻事实内部存在着多种秩序，作者的认识能力、报道倾向有多种多样，所以，同一内容的新闻在不同作者的笔下会呈现出不同的结构形式。

消息一般由标题、导语、主体、结尾四部分构成。哪些材料放在导语，哪些材料放在主体，如何点题，如何结尾，背景材料如何穿插，段落如何划分，都要统一考虑、统一布局，做到层次清楚，逻辑性强。

消息的结构有多种方式，但公共关系新闻稿最常用的方式是倒金字塔式和提要式。

1. 倒金字塔式结构

倒金字塔式结构以事件的重要程度为序组织材料。它是一种常见的新闻写作方法，多用于动态新闻。所谓倒金字塔式结构，就是"大头"在上面，"小头"在下面。具体来说就是，一篇新闻先把最重要、最新鲜的事实放在导语中，主体部分的内容则依照重要性递减的顺序来安排——较重要的材料往前放，较次要的往后放，最次要的放在最后。其结构样式，如图 4-2 所示。

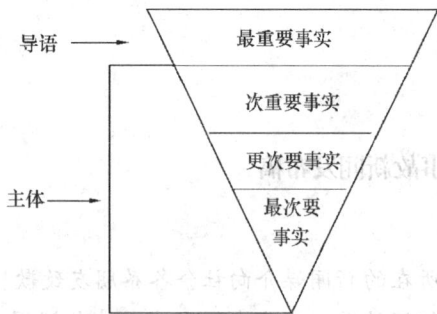

图 4-2　倒金字塔式结构

这种叙述方式主题突出，方便阅读，同时便于编辑删节、修改稿件。因为如有篇幅限制，编辑可以由后往前删节，而不致影响全篇内容的完整性。对要报道的新闻事实材料进行分析并作出明晰的判断后，一条倒金字塔式结构的新闻就成形了。

下面是一条关于波音公司和麦道公司宣布合并的新闻，对新闻事实材料的分析，见表 4-1 所列。

新闻事实材料分析实例　　　　　　　　　　　　　　　　表 4-1

项　　目	事　实　内　容
最重要的新闻事实	今天波音公司和麦道公司宣布合并，成立世界上最大的航空航天公司
次重要的新闻事实	总公司设在波音公司在西雅图的总部，以波音公司的名称经营
更次要的新闻事实	公司合并后的销售定额和已接受的订货总额情况
最次要的新闻事实	两公司签署的有关换取股票的协议内容以及联合公司的最高领导人任职情况

【实例】

波音公司和麦克唐纳—道格拉斯公司今天说，根据一项价值 133 亿美元的合同，它们将合并成立世界上最大的航空航天公司。

这家联合公司将把总公司设在波音公司在西雅图的总部，以波音公司的名称经营。

该公司把 1997 年的销售额定为 480 亿美元，其中波音公司为 280 亿美元，麦道公司为 200 亿美元。这个由两家公司合并而成的大企业将雇用 20 万人，已接受的订货总额为 1000 亿美元，从而把它的竞争对手洛克希德—马丁公司和欧洲四国的空中客车工业公司远远抛在后面。

波音公司和麦道公司在一项声明中说，它们签署了一项最终协议。根据这项协议，麦道公司的股东将以该公司的每个普通股换取波音公司的 0.65 个普通股。波音公司总裁菲尔·康迪特对记者说，他将担任这家联合公司的董事长和总裁，麦道公司总裁哈里·斯通希弗将担任总经理和首席业务经理。

采用倒金字塔式结构的难点是如何准确地掂量构成新闻事实的各种材料的分量，排列出材料的轻重主次。观察的角度不同，对新闻材料的轻重主次会有不同的认识；记者的立场不同，新闻导向不同，也会对新闻材料特别是政治性新闻材料的轻重主次产生不同的认识。要寻求最佳观察角度，选取最佳事实，然后才能作出最佳安排。

2. 提要式结构

提要式结构也被称为"螺钉形"结构。这种结构的开头有一个提要式的导语，概括地交代新闻事件中最重要的事实，然后再展开主体部分。其结构，如图 4-3 所示。

导语之后主体部分的新闻材料安排形式大致有以下几种：

（1）时间顺序式

这种主体结构形式按事件发生、发展的时间来组织材料。这种写作方法能够清楚地反映出新闻事件的来龙去脉，使读者对新闻事件的全过程有一个鲜明的印象，所以比较适用于内

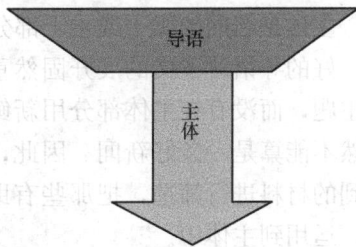

图 4-3　提要式结构

容较为复杂但线索单一的新闻的写作。如节日游行盛况、一些重大事件、一场灾祸、一场球赛等。

时间顺序式的叙述结构与人的思维取向相吻合，便于人们阅读、理解，尤其适合我国读者的阅读习惯和口味。这种"从头到尾"的写作方法掌握起来也比较容易。

（2）因果顺序式

任何事件的发生、发展都有前因后果。因果顺序式结构通常是在导语中简明扼要地报告新闻事件的结果，这个结果也就是最主要、最新鲜的新闻事实；在主体部分叙述原因，对结果加以解释。这样组织材料可以做到结构严谨、层次清楚、整体性强。

（3）点面顺序式

点面顺序式结构，即将面上的材料和具体事例穿插安排。这种形式主要用于报道涉及面广、事项多的综合性消息，能兼顾广度和深度。

（4）并列顺序式

有些导语之后所包含的一些事实几乎同样重要，采用并列顺序式结构就可以把它们一个一个地写清楚，并列起来形成一篇新闻稿。

4.3.2 新闻的导语、主体和结尾

1. 导语

导语是新闻的开头，一般来说，它是提炼新闻精髓并揭示主题以吸引读者阅读全文的第一句话或第一段话。有时，导语也可以有两个以上的段落，这在西方的新闻稿件中较为常见。因此，可以这样来概括导语的定义：导语是以凝练的形式、简洁的文字表述新闻的中心内容的，位于开头的一个单元或部分。

导语的关键是个"导"字，它应当起到引导、诱导、前导的作用。也就是说，导语应当用简洁的语言，写出最主要、最新鲜、最吸引人的事实，给读者留下深刻的印象。因此，导语写作要求开门见山、中心突出、简明扼要、生动有趣。

【实例】

昨晨 6 时 23 分，机身上绘着奔跑的火炬手橙色图案和雅典奥运会蓝色会徽的"宙斯"号专机抵达北京首都国际机场，将雅典奥运会圣火火种送到了北京。

（2004 年 6 月 9 日《北京青年报》）

2. 主体

主体是新闻的躯干或主干部分，也是新闻的展开部分。

好的导语对下文的展开固然重要，但是，如果仅在导语部分出色地揭示了新闻主题，而没有在主体部分用新鲜生动的材料来阐明和表现主题的话，这条新闻仍然不能算是一条好新闻。因此，在写好导语的同时，还必须花更多的精力对采集到的材料进行筛选，把那些有助于表现、解释、阐述主题的材料合理地组织起来，运用到主体中。

一般来说，新闻主体应当具备两部分内容：①对导语提出的主要事实、问题

或观点进行具体的阐述或回答，使导语部分的内容借助一连串丰富的材料得到进一步说明和解释，使新闻诸要素更为明确和详尽。②用附加的次要材料来补充导语中没有涉及的新闻内容，提供新闻背景，说明事件的来龙去脉，使新闻内容充实饱满，主题更加突出。

3. 结尾

写文章一般都讲究开头和结尾。结尾收得好，往往有助于深化主题，使全文的表达效果得到进一步加强。然而对于新闻来说，情况却有所不同。

在新闻的结构布局中，结尾并非占据着举足轻重的地位。有些新闻稿有结尾，多数新闻稿却没有所谓结尾。一般来说，事实叙述清楚了，新闻稿的写作也就大功告成了。这是因为：

（1）多数新闻所采用的倒金字塔式结构是以事件的重要程度为序安排材料的。在这种结构形式中，事实排列完，新闻稿也就写完了，实际上没有必要也不便于再加上结尾。与其生硬地重复，给人以画蛇添足的感觉，倒不如就此住笔。

（2）新闻要求用事实说话，摆完事实通常也就讲完了道理，因而一般不必说明主题或下结论，否则就会给人以"意已尽而言不止"的感觉。

（3）从"新闻要短"的要求来看，很多情况下也不容许特意加上结尾。不写或少写结束语式的结尾，有助于使新闻稿文字简约、节奏明快；反之，则有可能使新闻稿文章化，篇幅冗长。

4.3.3 新闻的类型

以写作特点来区分，新闻可以分为动态新闻、特写性新闻、评述性新闻、经验性新闻、综合新闻等。

1. 动态新闻

动态新闻是对新近发生或正在发生的事件和活动的报道。它重在揭示事物发展、变化的特征，反映社会生活中的新气象、新情况、新问题，是最基本、最常见的一种新闻报道形式。

就内容而言，动态新闻通常包括对国内外重大事件的报道，对有代表性的人物或新闻人物活动的报道，对突发性事件的报道，对各行各业的最新发现、最新成果、最新信息、重要动向的报道等。

就表现形式而言，动态新闻一般以简明新闻、短新闻为多。要闻、简讯、短讯、快讯、一句话新闻、标题新闻等，都是动态新闻的不同表现形式。

2. 特写性新闻

特写性新闻是用类似电影"特写镜头"的手法反映事实变动的一种新闻报道体裁。

一般新闻多通过记叙的方法向读者报告新闻事件，使之了解事件全貌。特写性新闻则侧重于再现，它往往是用简约的笔墨集中而突出地描写某一重大事件中某个富有特征的片断，或某些重要和精彩的场面，生动形象地将所报道的事实展现在读者面前，给人以如临其境、如见其人、如闻其声的真切感受。

3. 评述性新闻

评述性新闻是一种且述且评、夹叙夹议的新闻报道体裁。它在"用事实说话"，报道具有普遍意义的新闻事实的基础上，结合形势和动向，对事实进行适当的分析、评述，揭示其本质意义，指明其发展趋势，以指导实际工作。

评述性新闻不同于新闻评论。新闻评论可以依托新闻事实（即在新闻事实的基础上论理），也可以不依托新闻事实。评述性新闻则必须以报道新闻事实为主，并在此基础上对新闻事实加以评论。新闻评论是议论多于叙述，评述性新闻则是叙述多于议论。

评述性新闻大都带有一定的理论色彩。例如，1999年2月23日《经济参考报》刊登的一则消息，在列举出1998年12月份城乡消费品零售总额数据之后指出："1999年国家经济工作的总方针是继续扩大内需，促进消费，保证经济持续增长，这对于商业景气来说，无疑是利好的一面，但是购买力分流和买方市场的特征不会改变，人们实际用于消费的开支也不会有太大的增长，消费市场的形势将更为严峻，商战将更趋激烈。"事实与议论相得益彰的效果，从这则消息中可见一斑。

4. 经验性新闻

经验性新闻重在报道某一方面的先进经验、成功做法或典型事例，为实际工作提供参照。这类新闻往往偏重于交代情况、介绍做法、反映变化与效果，较多地提供背景材料，因而篇幅比其他类型的新闻要长一些。

经验性新闻不同于业务部门的工作总结。为了追求示范效果，业务部门的工作总结往往面面俱到，不厌其烦地罗列许多具体的经验和做法。经验性新闻是有选择的，它只挑选先进经验中最新鲜、最有典型意义的内容，以新闻的形式提供给读者。换句话说，那些没有新闻特征的、一般化的经验是不会被选为新闻素材的。

经验性新闻以突出重点为宜，同一般的经验总结性文章相比，它要求内容更集中，文字更精练，篇幅更短小。切忌不分主次、面面俱到，写成平板冗长的总结材料。

经验性新闻写作既要防止抽象地罗列条文，又要防止议论和观点多于事实。当然，新闻中的经验毕竟是要传播、推广的，所以，单纯地叙事、从中看不出经验的写法也是不可取的。

5. 综合新闻

综合新闻是把发生在不同地区或部门的、性质相似又各有特点的事件综合起来，从不同侧面阐明一个共同的主题思想，反映一个时期内带有全局性的情况、成就、趋势或问题的新闻报道。它纵览全局、报道面广、声势较大，给人以较为完整的印象。

常见的综合新闻有两种类型：一种是横断面的综合，一种是纵深度的综合。

横断面的综合是把一些地区、部门所进行的某项工作的情况或成就综合起来以反映全貌的写法。例如，1999年9月1日《经济日报》二、三版以"旦复旦兮看我中华"为总标题，分别就农业发展、国企改革、个税征收、知识经济、再就业工程、人民币汇率等方面，对国家形势进行了回顾与展望。这就是一组综合新闻。

纵深度的综合是对一个时期以来某项工作成就或某一重大事件等所进行的综合报道，包括前因后果、来龙去脉、发展变化等情况，通过分析对比和背景材料的运用，逐步深入地对新闻事实进行阐述。在写作方法上，可以按因果关系写，在报道成就的同时分析取得这些成就的原因；也可以按问题来写，将内容归纳为几个方面，以便条理清晰地层层深入。

4.3.4 撰写新闻稿的其他相关知识

1. 新闻背景

新闻背景就是有关新闻事件的历史和环境的材料。新闻背景也是新闻材料的重要组成部分。

新闻是对新鲜事物的报道，而新鲜事物对人们来说往往是陌生的，这就有必要对新闻中的基本事实进行解释和补充说明。只有对事件的来龙去脉及其与周围事物的联系和相互影响适当地进行"衬托性叙述"，才能显示出事件的意义，才能使生活在不同地区、工作和阅历各不相同的读者排除阅读障碍，对新闻发生兴趣。

新闻背景材料必须对新闻事实起到映衬、说明、补充的作用，必须和新闻事实有内在联系。新闻背景材料要少而精，忌庞杂冗长，不可出现背景淹没新闻的情况。

新闻背景材料在新闻中没有固定位置，要根据情况灵活运用。可以放在新闻的导语之后、主体之前，也可以放在主体中或结尾处，甚至可以放在导语中或开篇中。不过，导语中的新闻背景材料多以附加语形态出现，极为简略。

2. 新闻的语言

新闻的任务是传达事实信息，把事实表述清楚。新闻的语言首先应该具体实在、准确精当，不能有虚夸和造作的成分；其二，要让读者看得懂；其三，要让读者喜欢读；其四，要让读者在最短的时间内获得尽可能多的信息。因此，新闻的语言要求可以归纳成十个字：具体、准确、简洁、通俗、生动。

3. 新闻图片

图片是引起公众注意的最有效工具之一，图片能够使要告知的事情一目了然。新闻图片具有形象性、现场性、直观性和贴近性的特点，可以作为新闻报道的配图，也可以单独使用。

（1）新闻图片的制作要求

1）图片必须有新闻。

2）图片必须真实自然。

3）图片应抓住动人的瞬间。

（2）新闻图片文字说明要求

新闻图片单独使用时，需要写好文字说明，其要求是：

1）能说明图片。图片主要展现新闻形象，表述新闻诸要素中的"怎么样"。对于其他新闻要素，图片或者只能模糊地表述，或者根本无法表述，这就需要文字说明。必需的新闻要素必须交代清楚。

2）简短明快。新闻图片的文字说明要简短、明快。图片交代清楚了的，文字不需重复。

3）画龙点睛。好的文字说明不仅能简洁明了地交代图片新闻的诸要素，还能画龙点睛般点化新闻主题，即把新闻画面中蕴含的意义点化出来。

4. 通稿

新闻通稿也称信息稿，是公共关系人员提供给所有媒介的用稿。媒介可以根据自己的需求从新闻通稿中选编新闻。通稿的写作形式以倒金字塔式为主。

5. 联系方式

一份完整的公共关系新闻稿必不可少的一个基本要素是：提供给媒介获得更多信息的联络方式，包括公共关系联络人的姓名、电话号码、传真号码、电子邮箱地址等。

【例文 1】

昆明人均居住 16.1 平方米　超过七成居民拥有私房

昨日，记者从昆明市建设局获悉，截至去年底，昆明市商品房累计竣工面积 1300 万平方米，年均竣工面积 260 万平方米，城镇居民人均居住面积达 16.1 平方米，和全国省会城市比较，位列全国中上水平。据介绍，昆明市个人购买商品住房占商品住房销售额的 95％以上，居民私有住房的比例已达到 70％以上。

过去 5 年，昆明市房地产开发投资稳定在 70 亿元左右。房地产开发投资约占全市固定资产投资的 18.9％。房地产开发投资直接和间接拉动 GDP 增长每年保持在 2 个百分点左右。2002 年和 2003 年，商品房销售面积分别增长 18.1％和 22.3％。在城镇居民可支配收入稳步增长的情况下，房价基本平稳。

一个非常明显的趋势是：1998 年以来，以住宅为主的房地产已经成为国民经济的支柱产业。开发企业正从以往只注重开发数量或单一的施工质量逐步向既求规模发展又向结合质量求效益转变。个人购房成为市场主体，住房消费已成为昆明市新的经济增长点。

【例文 2】

成都楼市春暖花开 城西"日出"城南"雨"

春天来到，2 月的成都楼市新开项目 12 个，供应量 35.93 万平方米，虽然新增供给显然偏少，但与 1 月相比，也上涨了 42.2％，增幅显著，呈现整体启动的趋势。随着住博会、房交会的相继临近，这个春天的市场供应将不断放量。

关键词：区域

城南淡　城西旺

城南楼市一反常态，连续两月无新开项目对外发售，只有部分楼盘的后期相继亮相，而更多的项目是在为推销作铺垫，二月的城南楼市供给趋淡。与此相反，城西、郊区与市中区各有 3 个新开楼盘。其中，城西供应体量最大，达到 10.25 万平方米，占到 2 月新盘总供量的近三成比重。

从环线来看，二三环线仍是商品房主力供给区域，项目规模普遍偏大，平均规模为 4.06 万平方米，高出 2 月新盘的平均规模（2.99 万平方米）。而三环、外环区域继续保持沉寂，郊区新盘也大多集中在外环线以外的近郊，如龙泉等地。在城南副中心房产开发热潮到来之际，东郊亦不甘示弱，新盘供应频频。

关键词：价格

整 体 价 位 上 浮

2 月住宅价格每平方米 6500 元，与 1 月相比，上浮了 24 个百分点，上升趋势明显。

从新开住宅的价格来看，中档价位楼盘占据主导地位。单价在每平方米 7000～8000 元的项目占到总供量的 44%，主要分布在城西与城北的二至三环区域，以 100～140 平方米的供应为主，此类中档经济型住宅，市场吸纳度良好，与之前热销的小户型相比，无疑受到更多自用型买家的青睐。

从区域价格来看，除郊区因无别墅项目供应，整体均价仅在每平方米 6500 元左右外，三环以内各片区的均价差幅缩小，集中在每平方米 7000 元左右。

关键词：建筑形态

小高层物业急速冲高

与 1 月新盘相比，多层供量下跌 27.5%，而小高层物业急速冲高，增幅达到了近 2.5 倍，共有 6 个项目，占到总供量的 57%。除城东之外，各区域均有分布。不过，从环线来看，分布亦较为均匀，内环至外环线外的郊区均有小高层物业供给。此外，电梯物业的市场占有率正不断提升，但从市场销售来看，一环以外单价低于每平方米 6000 元的电梯物业更受欢迎。

【例文3】

××区领导大年初一慰问我员工

××陪同视察××小区

农历大年初一的早晨，天气晴朗，晨风中透着一股寒气。××区副区长××、区房地局党组书记××、房地局副局长××等领导一行六人早早来到××小区，对春节坚守岗位的我物业管理员工进行新年慰问。公司总经理××、副总经理×

任务 4　房地产公共关系信息传播

×、管理处主任×××陪同×副区长一行对小区进行了视察。由于大年夜的狂欢和守岁，大多数业主刚刚进入梦乡，偶有几声爆竹声，并没有影响小区宁静祥和的气氛。虽是隆冬季节，但中央花园里却绿草如茵，牡丹花、月季花争奇斗艳，在阳光的照耀下呈现出一派盎然春意。环顾四周，大红灯笼高高挂起，串串祝福彩灯随风摇曳，处处洋溢着浓浓的节日喜庆气氛。

公司领导向区领导详尽介绍了××物业的基本情况。在谈到新年工作时，总经理××说："××物业的发展确实很快，2004年的工作目标可用四个字来概括，那就是'精耕细作'；在现有基础上再上一个新台阶，真正体现××物业的品牌效应。"

在听取公司领导汇报后，区领导一行和管理处员工一起座谈交流，勉励××管理处在新的一年里再创佳绩。

过程 4.4 公共关系广告

在现代社会中，从广告水平可以看出一个国家经济发达的程度和一个民族文明的水准。广告，这一商品经济的产物和推进器，在现代社会中已占据了显赫的位置。据世界广告组织统计，目前全世界每年用于广告的开支达2000亿美元。这浩如烟海的广告家族，大体上可分为两支：一支是公共关系广告，另一支是商业广告。

4.4.1 广告

广告是指由特定的广告主，有偿使用一定媒介，将企业及其产品服务信息传递给目标顾客的行为。广告分为商业广告和公共关系广告，商业广告是一种以促进产品销售为目的的广告；公共关系广告是一种以增进公众对组织的了解，提高组织的知名度和美誉度，使组织活动得到公众信任与合作为目的的广告。

1. 公共关系广告与商业广告的区别

公共关系广告与商业广告都是进行公共关系宣传、树立组织形象的方式，都需要支付一定的费用，通过购买媒介的使用权来传播信息，但两者有以下明显区别。

（1）直接目的不同

商业广告的直接目的是推销产品，通过介绍产品各方面情况，促进消费者购买；公共关系广告的直接目的是引起社会公众对组织的重视，产生对组织的好感，从而树立良好的组织机构形象，刺激用户的潜在需求。

（2）宣传内容不同

商业广告以介绍商品为主，其主要内容是购买信息，如产品名称、商标、质量、功能、价格、购买方法、地点等内容；公共关系广告以介绍组织为主，向社会和公众提供的是组织发展目标、经营方针、员工素质、获得的各种荣誉等组织形象方面的信息，间接介绍组织的产品。

（3）宣传效果不同

商业广告可以增加产品的销售额、服务收入、利润额等，直接提高企业的经济效益；公共关系广告通过提高组织的知名度和美誉度，间接提高经济效益。

（4）报道方式不同

商业广告往往要集中归类，占用媒介的广告节目时间，使公众了解广告节目内容；公共关系广告通常以专题节目、赞助大型活动等形式出现，不给人以广告的感觉。

【应用举例】

请看"麦当劳"的两个电视广告，并从中体会商业广告与公共关系广告的区别。

【广告1】

一家三口——年轻的爸爸妈妈带着一个小婴儿，来到"麦当劳"柜台前，笑容可掬的服务员用甜美的声音向其推荐"麦香猪柳汉堡"套餐，并说仅售"十六块八"，爸爸、妈妈都惊讶其物美价廉，分别用惊喜的语气重复："十六块八?""十六块八!"这时，妈妈怀中显然未学说话的婴儿也突然用惊奇的语气说："十六块八?!"

【广告2】

室内，窗前一个摇篮在摇，篮中的婴儿很有规律地笑一声、哭一声，笑一声、哭一声。镜头拉开，观众可以发现，随着摇篮摆动的节奏，摇篮摇起来，婴儿看到窗外"麦当劳"的大"M"字，高兴得直笑；当摇篮摇过去，婴儿看不到"麦当劳"的标志时，就哭了。因此，我们才会看到这个婴儿一会儿哭、一会儿笑的情景。

2. 公共关系广告的特征

（1）公共关系广告的目的是树立组织机构的形象

商业广告的目的是推销商品，希望有更多的人来购买广告所宣传的产品。公共关系广告则不然，它不直接推销某种商品，而只是组织（或企业）感到有必要向公众"说几句话"，它的目的在于引起社会公众对组织的注意，激发公众的兴趣，争取社会公众的信赖与好感，取得社会公众的理解、支持与合作。所以说，公共关系广告是用来"推销"组织机构的形象的广告。

（2）公共关系广告多采用间接的手段宣传组织或企业

商品广告为了推销商品，往往是直接列举商品的种种优点，力图说服人们去购买。这种宣传的可信度比较低。公共关系广告则通过较为间接的手段让公众了解组织或企业乃至企业的产品。如致贺广告、鸣谢广告等，这种广告中很少或者没有有关产品的介绍，只是让人们感受到组织的存在，让公众产生好感。

（3）公共关系广告一般侧重于长期目标的确立

商业广告关注的是某种产品或某种服务的销售，它所注重的是企业近期目标的实现。公共关系广告在选择目标上则注重长期性和系统性。因为无论生产何种产品或提供何种服务，企业组织自身都需要长期稳定地发展下去。这就要求公共关系广告不能以短期目标为重，而要考虑到企业的长期发展。公共关系广告的作用会伴随着企业组织的生存和发展而不断地发挥出来。

4.4.2 公共关系广告的类型

1. 实力广告

实力广告是传播组织自身各种信息的广告。经济组织的广告主要是实力广告。实力广告的目的是要树立企业的形象，提高企业的知名度、美誉度和信任感，它包括以下一些内容。

（1）介绍企业的自然状况

实力广告首先要将企业的自然状况介绍给公众。尤其是新开张的企业，更应尽快、尽量多地把自己介绍给公众，让大家认识自己。将企业自然状况介绍给公众的目的是要给公众一个外在的印象，以唤起人们了解自己的兴趣。

（2）宣传企业的经营方针

实力广告向公众介绍企业的经营方针，让公众了解自己的经营目标、经营方向、经营政策和经营方式，寻求公众的理解、支持和合作。

（3）解释企业面临的问题，消除公众的误解

企业在生产经营中总会遇到一些问题，这时就要通过实力广告进行解释。一方面，企业公关部门要将存在问题的原因调查清楚；另一方面，要通过企业广告将为解决企业存在的问题而进行的各项活动告知于世，让公众消除误解，理解企业，以保护企业的声誉。

【应用举例】

某公司为宣传其新型保险柜的卓越功能，登出一则这样的广告："10万美元寻找主人！本公司展厅保险柜里存放有10万美元，在不弄响警报器的前提下，各路豪杰可用任何手段拿出享用！"广告一出，轰动全城。前往一试身手的人形形色色：有工人、学生、工程师、警察和侦探，甚至还有不露声色的小偷，但没有人能够得手。各大报纸连续几天都为此事作免费报道，影响极大。这家公司的保险柜的声誉随之大增。

2. 致意广告

致意广告是指组织在一些特殊的时候向公众致意，表达某种情感的广告。其目的在于与公众沟通感情，形成感情联络。致意广告有以下几种具体类型。

（1）致贺广告

在节日之际向公众贺喜。如春节将至，企业在报刊或电视上发表广告向读者、观众拜年贺喜。

（2）鸣谢广告

当企业取得了某项重大成就时，刊发广告向所有支持者、赞助者表示谢意。这种广告在鸣谢别人的同时也传播了自己的成就。

（3）致歉广告

企业在工作中出现了某些差错时，刊登广告主动向受害者致歉，这种广告就是致歉广告。也可以采用这种广告进行宣传。如："本企业生产的某产品在许多城市发生脱销，使很多顾客未能如愿购得，我们深表歉意。"这样的广告看起来是致歉，实际上则宣扬了企业的成就。

3. 响应广告

组织为响应社会或有关领导部门的号召，支持公益事业的发展，以求社会各界公众的理解与支持而刊播的广告称为响应广告。这种广告往往以某种社会公益事业为依托，积极响应与赞助，并通过广告的形式把自己良好的愿望与为实现该愿望而作出的努力公布于众。这样的企业一定会受到社会各界的好评。

4. 倡议广告

以组织的名义率先发起某种社会活动，或提倡某种有意义的新观念而发出的广告称为倡议广告。倡议广告一般要有明确的主题和目标，以表明组织或企业对社会活动的关心。倡议广告要具有创新意义，使企业在公众心目中留下"引导时代变迁，推动社会进步"的强烈印象。

5. 解释广告

当公众对组织产生了误解，或组织生产经营中发生了有损公众利益的事件时，刊登广告向公众澄清事实，消除误解或表达歉意。

6. 征集广告

通过征集方式吸引公众的注意，增强其对组织的兴趣。如征集组织名称、标徽、答案、意见、稿件等。杭州第二制药厂曾通过《浙江日报》刊登广告征集厂名，收集了十几万封厂名建议信，然后从中挑选 10 个厂名，再请大家投票，这个活动大大地提高了该厂的知名度。

7. 公益广告

以公益性、慈善性、服务性主题为内容作广告。公益广告并没有介绍组织，只是在广告旁边用很小的字注明××企业赞助，但却可以赢得公众的好感。

【应用举例】

节约用水，保护水资源

（1）如果人类不从现在开始节约用水，保护环境，人类看到的最后一滴水将是自己的眼泪。

（2）保护水资源，生命真永远。

（3）人体的 70％是水，你污染的水早晚会污染你，把纯净的水留给下一代吧！

（4）节约用水，从点滴开始。

（5）现在，人类渴了有水喝；将来，地球渴了会怎样？

（6）爱惜生命之源，关注滴滴点点。

4.4.3 公共关系广告媒介的选择

广告媒介，也叫广告媒介物、广告载体等，它是广告制作者用来进行广告活动的物质手段，是广告信息传播的技术工具。公关人员在选择媒介时，必须慎重地权衡每一种媒介的利与弊。选择广告媒介，是搞好公共关系广告活动的重要环节，必须周密计划，慎重选择。

1. 选择媒介应考虑的因素

首先，在选择一条信息适用的媒介时，公关人员需要考虑下述几方面的问题。

（1）信息的对象是哪些人？即公共关系公众是谁？

（2）何时接触特定公众？特定公众接受信息后需要多少时间考虑才会作出反应？

（3）所需资金是多少？是否超出能力？

（4）哪一种媒介成本较低，而波及面最广？

（5）哪一种媒介可信度最高？

（6）能否使用单一的媒介？使用多种媒介的方法是否可取？哪些媒介具有较强的互补性？

其次，当以上问题考虑好之后，选择两个以上媒介进行比较分析。比较分析的因素有以下几个。

1）覆盖面。广告媒介主要发挥影响的地域即为某一媒介的覆盖面。企业在选择广告媒介时，一定要考虑广告媒介的覆盖面，尽可能使广告媒介的覆盖面与公共关系广告对象的分布区域保持一致，这样才能达到广告的效果。

2）触及率。即接触到某一广告的人数占该广告媒介覆盖面内总人数的百分比。触及率越高，媒介的可用性越强。

3）重复率。重复率是指一个公众平均可以收到某一媒介广告的次数。

4）连续性。同一则广告多次在同一媒介上推出后产生效果的相互联系和影响。

5）权威性。即广告媒介所具有的权威性。媒介的权威性越高，它给广告带来的影响力就越大，但它的收费也就越高。选择广告媒介，要考虑广告媒介的权威性与广告预算费用之间的关系，以求取得最佳的经济效益。

6）媒介效益。它是指采用某一媒介得到的效益与所需费用之间的关系。测算媒介效益，是选择媒介的重要因素。

2. 几种主要传播媒介的优点和缺点

美国学者杜·纽萨姆和艾伦·斯各特著的《公共关系与实践》一书，就主要新闻媒介的优点和缺点作了总结。这里将其中的一部分摘录并加以整理，供读者参考。见表4-2所列。

传播媒介	优　　点	缺　　点
电视	结合了视觉、听觉等各种特点 产品可实物显示 由于信息的直接性，从而可信程度高 信息的高度密集 大量的受众 便于识别产品 通俗的媒介	受到播放时间限制 消费者不可能安排信息 难以利用 时间成本、制作成本高 覆盖面浪费
广播	地区市场可以有选择性 满足当地市场需要 便于改变广告内容 成本较低	受播放时间限制 消费者不可能安排信息 无视觉图像 覆盖面浪费
杂志	读者可以有选择 影响到较富有的消费者 给广告者带来声誉 读者可传阅 优美的色彩	经常重复发行 通常不能支配本地市场 较长的日期间隔 不能迅速传递信息 有时成本高
报纸	地区市场有选择性 便于改变广告内容 影响到各种收入群体 便于安排广告 成本较低 制造商和经销商作广告的良好媒介	覆盖全国成本较高 信息的生命期很短 无用的传播 版面太小、形式千差万别 地区性和全国性广告收费有差别 色彩差
室外广告	可根据地区市场作出选择 较高的覆盖效果 较大的广告篇幅 成本较低 色彩好	影响通常较小 信息必须简短 无用的传播 全国性覆盖很昂贵 很少有创造性的专门人才
车辆上的广告	可根据地区市场作出选择 能吸引观众 成本很低 色彩好 具有重复效果	限于某一类的消费者 无用的传播 环境方面易引起争议 很少有创造性的专门人才
广告影片	可根据地区市场作出选择 能吸引观众 广告篇幅较大 制造商和经销商的良好媒介	不可能被所有剧院采用 无用的传播 制作成本高 消费者不可能安排信息
小册子和广告单	提供详细的信息 补充个人的销售介绍 为潜在的买者提供信息的途径 优美的色彩	经销商通常不便利用 单位成本较高 很少有创造性 效果难以估计

3. 公共关系媒介选择的步骤

（1）确定媒介级别

媒介的级别决定了媒介的权威性，这是选择公共关系广告媒介的第一步。通过这一步工作，基本上就可以划出应该采用媒介的范围。

（2）确定具体媒介，并进行比较分析

在已选定的媒介级别中，选择一个或几个适合组织需要的具体媒介，并就媒介的覆盖面和媒介的可行性进行分析，所选用的具体媒介必须能够有效地触及组织的目标公众。

（3）确定媒介组合

广告不能是单一媒介的传播，而必须在多种媒介上采用组合方式进行传播。由于广告活动目标的统一性，这就要求在每一种媒介上推出的广告必须相互协调，共同促成广告目标的实现。确定媒介组合时主要应考虑以下两个问题。

1）各种媒介要包括所有的目标公众。即在媒介组合的总覆盖领域下应该可以将大多数甚至绝大多数目标公众归入广告可产生影响的范围内；如果不能，就应该考虑增加某些具体媒介，将遗漏的目标公众收入到广告的影响范围之内。

2）媒介影响力集中点的选取。许多媒介的覆盖面和影响力是重叠的，这就要分析影响力重叠的形式是否经济，必须将媒介的影响力集中到主要的目标公众上去。所以，在具体的媒介组合时，应考虑在哪些媒介上多投入广告费，以免在非重点目标对象身上花费过多。

（4）进行媒介试验。

为了保证所采用的媒介方案的有效性，在启用一套媒介方案以前，可以对广告媒介进行一次试验。即先在所选定并组合好的媒介上小规模地推出广告，然后调查目标公众的反应，由此判断出这种媒介是否有效。

4.4.4 公共关系广告的制作要求

1. 标题

标题在大多数广告中起着最重要的作用，它决定着读者是否会再读正文。据统计，读标题的人数约是读正文人数的 5 倍，所以标题的制作至关重要。好的标题必须做到言简意赅，千万不要弄得很复杂，充满文学典故或其他晦涩文字，不要与公众玩文字游戏。报纸上的广告标题必须与众多的竞争者争夺读者的注意；要对公众说的话肯定很多，但标题必须简短，必须用简短的话浓缩你所要说的全部要点；标题既要新鲜，又要突出特点。

2. 正文

广告正文的制作最重要的是简明扼要。为此，在正文制作中，要做到以下几个方面。

（1）要开门见山，不要拐弯抹角，避免用比拟、类推、论辩。

（2）避免一般化的老生常谈，话要说得具体、实在、热情、友好，还要让人容易记住；要留有余地，给人以诱惑力。

（3）利用名人。知名人士的表现更能够赢得广大的公众。他们越知名，就越能吸引人。另外，用户的赞扬也容易打动人心。

3. 版面

对比和平衡是设计版面时需要考虑的基本要素。公共关系广告版面的制作一般应符合以下一些要求。

（1）多样

即画面上要有变化，色彩多样，深浅色交替，大图形与小图形搭配。

（2）平衡

平衡不同于对称，对称点在中心，平衡点是在靠上或靠下的1/3处。一幅广告可被分为1/3和2/3或相反；标题和图片可以占一边，正文在另一边。

（3）节奏

人的眼睛观看广告应该是在画面上自然移动，广告版面设计应体现出沿着大标题、正文再到广告人姓名移动的顺序。

（4）和谐

广告的画面各部分的布局要和谐，避免单调。

（5）比例

大多数的纸张、书本、杂志和散页印刷品都呈长方形状，这样的比例比正方形更具有吸引力。

（6）层次

广告画面应该颜色深的部分在前，浅的部分在后，要避免设计过多的重点，因为都是重点就等于没有重点了。

【案例2】

"上海早晨"营销成功

一、物业背景

"上海早晨"，位于浦东杨高路蓝村路口，与世纪广场、小陆家嘴遥遥相对，为近8万平方米的花园社区，周围金融、商务、房地产、娱乐、餐饮业云集，形成了这一地区鲜明的特点。但由于该楼盘入市较早，开发周期较长，且非现在流行的板式结构，周边楼盘竞争激烈，因而早期的市场推广应该是失败的，是业内俗称的"死盘"。

二、营销理念

蝉联两届"金桥奖"的上海房地产经纪企业——中天行在代理"上海早晨"时，创造性地提出了"100%得房率"的全新销售理念，使客户彻底告别了对购房面积雾里看花的时代，进入了明明白白购房的全新境界，这一举措得到了消费者的充分认同和市场的热烈追捧。"上海早晨"开盘当日订出40余套，并创下了连续热销的局面。

（一）"100%得房率"出笼的背后

中天行房地产顾问有限公司总经理姚鸿光说："'上海早晨'是我们接手项目后新定的案名，它有几重含义：一是这一项目地处浦东，早晨的阳光最早普照；二是早晨意味着新的一天的开始，也预示着该项目将以崭新的面目进入市场。"

案名定好后，就要考虑它的市场切入点。"上海早晨"面临的问题是：入市较早，开发周期较长，非现在流行的板式结构，周边楼盘竞争激烈，从以前的推广得出的结论是，如果以市场惯用的营销手法，很难启动市场。

另外，该项目本身并没有问题，由美国建筑师设计，规划超前，房型别致；50％以上高绿化率、80米超大幢距；先进智能化安保，配置豪华大堂、全进口三菱电梯等。早期之所以失败，主要原因是市场推广不力。不管用何种营销手法，重新赢得人们的眼球至关重要。经过与开发商的反复沟通，在最后决定摒弃一贯的"买一送一"、"特价房"等促销手段，利用"天时、地利、人和"的契机，以"100％得房率"销售模式入市，力求达到市场的波动效应。中天行总经理姚鸿光先生对"天时、地利、人和"作了充分阐述：

"天时"是指建设部新近颁布实施了《商品房销售管理办法》，使上海首次出现了三种销售计价模式：总体面积计价、套内面积计价、整套面积计价。相对于其他两种计价方式，以套内面积计价在上海是一种"新鲜出炉"的新鲜模式，适时推出必将具有先创性意义。"先入咸阳者为王"，"上海早晨"在上海首次推出"100％得房率"，容易先声夺人，最大限度地吸引市场注意力。

"地利"是指本案地处上海浦东中心区域，浦东一直作为全国锐意改革的风向标，一举一动都会牵引全国的目光。在愈来愈热的房地产市场，任何改革性的举措在全国都有试点性意义，它的成功与否必将给予各地房地产以借鉴意义。"上海早晨""100％得房率"全新销售模式的推出，将借助地域的强大辐射力，吸引众多关注目光。

"人和"是指消费者将会热烈拥护。买房卖房，得房率是一个普遍受关注的重要参数。但因为得房率是客户摸不着、看不见的东西，因此，由此引起的消费投诉呈逐步上升趋势。据上海市消费者协会统计，有关商品房面积的投诉已成为商品房投诉的"重头戏"，主要问题是商品房的实际面积小于使用面积，分摊建筑面积不实等，"100％得房率"的推出将使这些问题迎刃而解。

（二）挖掘潜在优势，放大项目优点

通过反复调研，认真论证，代理商与开发商达成了共识："上海早晨"在上海率先采用"100％得房率"的全新销售理念，即以套内建筑面积为计价标准，公建面积全部由开发商承担。以这种全新模式为依托，开创性地给购房者提供了一个"全公开、全透明"的购房环境，开发商实实在在卖房，消费者明明白白买房，意在上海房地产销售中做一次大胆尝试。

中天行同时认为，在创新销售理念的基础上必须进一步提升楼盘品质，让品质自己说话，这是市场经济的第一前提。该楼盘的潜在优势为：近8万平方米的花园社区，位于浦东杨高路蓝村路口，与世纪广场、小陆家嘴遥遥相对，可以共同构成浦东地区地标性建筑，周围金融、商务、房地产、娱乐、餐饮业云集，投资或自住均有较大升值潜力。但这些优势需要通过后期的"再包装"使其扩大化，为此，中天行又对开发商提出如下建议：

（1）在屋顶独辟6座超大共享花园景观平台，打破住户楼层界限，在这儿可以聊天、品茗、交友，更可近观世纪广场、远眺小陆家嘴的日夜双景，并且拉近了住户彼此之间的距离，为小区注入了浓浓的"社区精神"。

（2）部分景观房在结构允许的前提下，尽可能地降低窗台高度，并拉宽窗幅，使视野更具震撼力。

（3）部分房型格局重新配比组合，以适合市场需求。

（三）"循序渐进"的广告策略

好的销售理念必须有好的广告宣传相配合。作为专业房地产企划公司，中天行熟稔这一点，因此，在"上海早晨"的广告策略上采用了"循序渐进"的模式。先是在开盘前声势浩大地推出"100％得房率"概念，紧接着在报纸醒目版面分别推出"公用面积不分摊"、"销售面积＝套内面积"等点睛式说明文字，环环相扣、层层递进，从而使"100％得房率"在市场上先声夺人，深入人心。在"100％得房率"销售模式有一定知名度之后，中天行又在地段、景观、品质上逐层诉求，从而使广告受众从被动注意到主动关注，从表面概念到具体产品，进一步把"上海早晨"从知名度提升到美誉度。最后的结果证明这一策略是成功的，"上海早晨"售楼处电话响个不停，现场更是人声鼎沸。

三、营销结果

"上海早晨""100％得房率"全新理念的推出在上海房地产市场引起了不小的震动，上海市民也对这种全新销售模式给予了肯定。他们认为这种销售模式不玩"价格猫腻"，不搞"数字游戏"，这就告别了以前因对商品房面积看不懂而导致的被动局面。市场是检验结果的试金石，"上海早晨"开盘当天即获订40余套，说明购房者对这种全新销售模式给予了充分肯定。

【任务拓展】

（1）公共关系传播为什么特别重视大众传播媒介？

（2）选择传播媒介的原则是什么？

（3）你认为召开一个新闻发布会应做哪些准备工作？

（4）留心某一时期、某一媒介的广告，区分其中的公共关系广告和商业广告，体会自己对两类不同广告的感受，了解周围的人对这两类广告的印象。

（5）常见的公共关系广告主要有哪几种类型？其具体含义是什么？

任务 5

房地产公共关系的调查与评估

【任务目标】

(1) 能够准备调查和评估所需的资料，能够承担调查的联络工作。

(2) 了解调查的目的和意义，掌握调查的基本程序。

(3) 掌握各种调查方法的类型与特点，能用访谈调查法、观察调查法进行调查。

(4) 了解问卷的结构，掌握设计各种问卷的方法。

(5) 掌握问卷的提问设计与答案设计。

(6) 能够对调查数据进行简单的统计和整理。

(7) 了解数据统计的步骤。

【任务背景】

刘小评所在的营销部又接到一个新的房地产开发项目的宣传工作，即龙江明珠房地产项目，营销部安排小评对该项目做一次市场调查，掌握变化的市场信息，为营销策略的完善提供及时、准确的资讯依据。为获得有效的信息，小评要会准备调查和评估所需的资料，会用访谈、观察调查法进行调查，并能对数据进行简单的统计和整理。以下是小评为完成该项目所做的公关调查和数据统计工作。

过程 5.1　调查方法

5.1.1　访谈调查法

1. 概念

访谈调查法是调查者依据调查提纲，通过与被调查者直接交谈，收集语言资料的方法，是一种口头交流式的调查方法。

2. 访谈调查法的特点

调查者与被调查者采用对话、讨论等面对面的交往方式，是双方相互作用、相互影响的过程。在访谈调查过程中，只有注意运用人际交往和谈话的技巧，才能有效地控制访谈过程，获得有价值的信息资料。

根据访谈对象的数量，访谈调查法可以分为集体访问和个别访问两种。在这里重点介绍个别访问。

个别访问是调查者分别访问被调查者，通过个别谈话的方式收集资料的一种访谈方法。其主要特点是：调查者和被调查者双方是个别接触，便于建立相互信任的关系，有利于排除干扰，减少从众心理的压力，使收集的资料比较生动具体和真实可靠。

5.1.2　观察调查法

1. 概念

观察调查法是调查者进入调查现场，用自己的感官及辅助工具，观察和记录被调查对象的表现，从而获得第一手资料的调查方法。与其他调查方法相比，观察调查法收集到的资料更直接、更真实、更生动具体，所以，观察调查法往往成为公共关系调查中常用的一种方法。

2. 观察调查法的特点

它作为调查者有目的、有计划的认知活动，与人们日常生活中随意的、无计划的观察活动不同。公共关系调查的观察，是在组织机构的调查目的和假设的指导下进行的，需制定周密的观察计划，对观察的内容、手段、步骤、范围作出具体规定，还要对观察员进行培训，以收集所需的调查资料。

按照观察者是否参与被观察者的活动，观察调查法可以分为参与观察和非参与观察两种。

参与观察是指观察者直接介入被观察的事物，与被观察者发生联系，以内部成员的身份参与他们的活动，在共同活动中观察、收集有关资料。例如，观察者在商场作为消费者了解其他消费者对本企业产品、服务和企业形象的评价。

非参与观察是指观察者不参与被观察者的活动，而是以局外人的身份对被观察者进行观察，不干预事物的发展过程，只是记录事物发展的自然情况。例如，汽车制造厂商的公共关系人员在道路上观察、记录公众的汽车消费情况。

一般来说，参与观察比较全面、深入，能获得较细致深入的感性材料，但观察结果易受被观察者情绪影响，有一定的主观色彩。非参与观察比较客观、公正，但只能看到一些表面现象，难以深入。参与观察一般适用于无法从外部观察的场景，非参与观察一般适用于无法或无需介入被观察事物的情况。

5.1.3　资料分析法

1. 概念

文献调查法是指调查人员通过查阅各种文献，对媒介所传播的有关组织形象或组织发展信息进行调查统计分析的一种间接的调查方法。

2. 资料分析法的特点

资料分析法作为一种书面的间接调查，它的优点是显而易见的：它可以超越时空条件的限制，通过查资料了解到已发生的组织任何时期的公共关系与经营状况；而且真实性、准确性高，比较可靠，实施方便，效率高，花费少。

同时，资料分析法也存在着其局限性：调查结果缺乏直接性，不够具体、生动，受到一定时代与社会的局限；总是落后于客观现实；调查的不完全性以及对调查者的素质要求较高等。

5.1.4　问卷调查法

1. 概念

问卷调查法是调查者运用统一设计的问卷，利用书面回答的方式，向被调查者了解情况并收集信息的方法。

问卷调查法是社会调查中最常用的资料收集方法，常用于较大规模的抽样调查。调查者可运用这一方法，对公众态度、社会生活进行准确、具体的测量，并运用社会统计方法进行量化描述。

2. 问卷调查法的特点

调查所用的问卷是用来收集资料的一种工具，它的形式多是一份精心设计的问题表格，用来测量被调查者的行为、态度和社会特征。

问卷通常分为自填问卷和访问问卷两种。自填问卷即由被调查者自己填答的问卷，而访问问卷则是由调查者根据被调查者的口头回答来填写的问卷。

自填问卷依据发送的方式又可分为邮寄问卷和发送问卷两种。邮寄问卷是通过邮局把问卷寄到被调查者手中，被调查者填完后，仍通过邮局寄回；访问问卷则是由调查者或其他人将问卷送到被调查者手中，被调查者填完后，再由调查者逐一收回。在实际调查中也可采用两者相结合的方式发送问卷。

在进行公共关系课题调查的过程中，公共关系调查人员必须掌握各种调查方法的特点，因地制宜地针对课题选择最有效的调查方法。

过程 5.2　调查问卷设计

5.2.1　问卷的定义和作用
1. 问卷的定义
问卷是一种提出问题并让被调查者以某种方式回答问题的调查表。问卷调查是现代调查和研究中最普遍、最常用和非常有效的调查方式。
2. 问卷的作用
（1）可以使调查研究规范化
使提问和答案的内容和形式标准化。
（2）可以使调查研究程序化
使调查访问按问卷规定的提问和回答依次序进行。
（3）可以使调查研究科学化
使用问卷调查可以提高收集资料的可靠性和分析资料的正确程度。

5.2.2　问卷的结构
问卷是用来测量被调查者的工具，被调查者对问卷是否喜欢，对测试质量的影响是很大的，调查者应从内容上考虑对被调查者情绪的影响，而且还应考虑问卷结构对被调查者的影响。不注意问卷结构是否合理、顺序是否得当、选择是否有困难等问题，即使内容控制得很好，也可能导致失败。在问卷设计中，其结构上应注意的是顺序和性质的关系。
1. 问卷的标题
问卷的标题拟定虽然不复杂，但它是被调查者最早接触的内容，其重要性不可忽视。标题的拟定一般有两方面的要求：
（1）标题要能准确地反映调查的目标和内容。
（2）标题应避免给被调查者留下不良印象或心理刺激。
出于这样的考虑，有些在目标、内容上会对被调查者的情绪造成影响的调查，在拟定标题时，常常故意设计得不十分明确，以减少不良影响，争取被调查者更好的合作。
2. 说明信
说明信是在问卷的卷面上给被调查者的短信，一般放在问卷的开头。它用来交代调查者的身份、调查目的、意义、内容、要求及通信地址，以消除被调查者的顾虑，争取他们的积极支持与配合。说明信的语言应简明、谦虚、诚恳。说明信一般包括以下内容：
（1）称谓。

（2）说明此次调研的目的和重要性，强调调查者与被调查者的切身利益关系和被调查者对这次调查的重要性，以引起被调查者的兴趣。

（3）介绍、解释答卷的形式和具体方法，以确保问卷准确有效。

（4）保证被调查者的隐私或其他秘密不被泄露。

（5）预先感谢被调查者的合作。

（6）用于间接访问的问卷还得注明联系人、联系地址、电话号码等。这些文字越短、越简练越好，应特别注意不需太长，以免使人生厌。说明信样例见实例。

【实例】

尊敬的用户，您好。为了更好地为您提供产品和服务，我公司公共关系部特开展了"了解市场，了解用户"的调查活动，请您在百忙中花些时间填写本问卷，我们将在回答问卷的顾客中抽出 100 名中奖者，赠送本公司的精美纪念品。

填写本问卷不记姓名，我们也会对所填内容给予保密，请您放心真实填写。

谢谢您的支持与合作。

××公司公共关系部

通信地址：××××××

电话：××××××

3. 对被调查者基本背景资料的调查

如对被调查者的性别、年龄、文化程度、收入、职业等内容的提问。

4. 对被调查者的基本事实和基本态度问题的调查

如对被调查者的某种行为、对某事物的态度、某种行为的动机等进行的提问。

以上结构顺序并非一成不变。目前，为克服一般被调查者对问卷中所涉及的个人隐私问题的厌恶，常将被调查者基本背景资料的内容放在最后。但是如果没有这方面的考虑，还是把这方面的提问放在前面更顺理成章。

5.2.3 问卷设计的原则

不论设计哪一类问卷，都应做到"16 要"和"16 不要"，即：

（1）问题要具体，不要笼统、抽象。如："您觉得我们的改革怎么样？""您觉得××西服怎么样？"这样的提问太宽泛，应避免。

（2）问题要单一，不要复合杂糅。如："您的父母是否喜欢我厂的老年人用品？"而事实上有可能父母中只有一个人喜欢，另一个人则不喜欢。

（3）用词要通俗、易懂，不要用公众感到陌生的词语或专业术语。如："您家的消费结构怎样？"这样提问显得过于专业化。

（4）用词要简洁，尽量不要用形容词和副词加以修饰。如："您是否特别喜爱化妆？"在实际生活中，许多人"喜爱"化妆，但并不"特别喜爱"，选择答案时就很难决定。

（5）词义要清晰准确，不要含糊不清，尽可能用量词而少用副词。如："您是经常还是偶尔喝我厂的饮料?"对于经常、偶尔这类副词,每个人的理解可能不一样。

(6) 要客观中立,不要加入影响其回答的观点。如:"您愿意为利国利民的希望工程捐款吗?"对这样的问题,被调查者就不可能作否定性回答。

(7) 要保护被调查者的自尊与个性,对敏感的问题不要过多涉及,应注意减少被调查者的心理压力。

(8) 选择题所列项目要互斥,不要出现包容现象。如:"您认为这种款式最适合谁? A. 男士; B. 女士; C. 教师; D. 军人……"现实生活中,军人有男也有女,教师中也有在军事院校任教者,这让人无法回答,只能随便应付了事,其结果一定不准确。

(9) 数字要准确,不要交叉。如问年龄,应指明是周岁,并列出明确答案。如:"A. 20 岁以下; B. 27~30 岁; C. 31~40 岁……"如果答案为:"A. 20 岁以下; B. 20~30 岁; C. 30~40 岁……"则就出现了交叉,令一些人难以选择。

(10) 选择题所列项目要穷尽各种情况(不能穷尽的可加一项"其他"),不要让一些被调查者找不到自己应填的位置。如文化程度,除小学、中学、大学外,还应包括中专、技校、职校和大学以上等情况。

(11) 要具有时间观念,问近期的事,不要问难以回忆的事。例如,可以问:"您本月买衣服花了多少钱?"或者问:"您最近一次买衣服花了多少钱?"不要问:"您去年买衣服花了多少钱?"此类问题让人一时无法回答。

(12) 要将容易回答的问题放在前面,不要将比较难回答的问题放在前面,尤其是涉及个人问题(如收入等)的一定要慎重。

(13) 设计完问卷要先进行试调查,不要贸然发出去。试调查的范围可大可小,发现不足,积累经验。如果贸然发出,一旦出了问题就不好处理。

(14) 要有排查措施,不要一概都相信。应能去伪存真,排除无效问卷。

(15) 提出某些问题时要采用迂回战术,使被调查者在不知不觉中道出心声,不要过于直露和鲁莽。例如,要了解某企业凝聚力状况,直接发问未必能得到真实的答案。但如果问:"您来到××企业感到自豪吗?"或者:"您的亲友是否知道您在什么单位?"等问题,就有可能从另一侧面了解到更真实的情况。

(16) 答题形式要简单,不要让人感到吃力或烦躁,尽量少用复合式提问。

5.2.4 问题设计和答案设计
问卷中的问题和答案部分,是问卷的主体。

1. 问题设计

(1) 问题的内容

问题是向被调查者提出并要求回答的事实、态度、行为、愿望等,是问卷的主要内容,一般包括基本情况、行为事实、态度意见三部分。基本情况一般指与调查内容相关的被调查者的背景资料,如年龄、性别、文化程度、职业、收入等项目。行为事实是调查内容的重要部分,主要是调查和测量被调查者与调查主题相关的行为和事实。态度意见是了解被调查者对所调查事物的评价。

问卷调查所调查的问题一般按照自变量、因变量和中介变量三部分内容来设计。但在一些理论性不很强的调查里，中介变量部分的内容很少。

1）自变量部分主要由社会性的事实构成，也就是确定谁在答卷。如提问：性别、年龄、文化程度、居住地区、经济收入、职业、婚姻状况、宗教、种族、党派、国籍等。自变量是固定的因素，不因其他因素的影响而变化，自变量内容的多少取决于调查的目的。

2）因变量是受到自变量或其他变量影响而发生变化的变量，也就是问态度。因变量部分主要包括被调查者对某件事物或某个观点的认识程度、理解程度和偏好程度构成的态度，对某件事物、某个观点的评价，以及被调查者的行为或行为取向等。例如，作为北京饭店的公共关系人员，就会希望了解外国游客是否听说过北京饭店，是否对北京饭店有较好的印象，是否愿意住进北京饭店等。这些都属于因变量的问题。

3）中介变量受到自变量影响会发生变化，同时又能影响因变量，包括动机、需求、信仰、期望等。某人住进北京饭店，可能仅仅出于他对声望和地位的追求。同样，某人之所以对改革不满意，也许并非因为改革触动了他的经济利益，而仅仅是由于他对改革的期望值过高。因此，通过对中介变量内容的调查可将问题剖析得更加深入。

（2）问题排列原则

问卷中各具体问题的排列必须符合一般人的思维逻辑规律，应按照人们的一般思路发展线索来安排。具体地讲，它应遵循以下原则：

1）按问题性质的逻辑关系来排列。在同一个问卷中，根据具体调查目标的不同，将各个调查主题中相同性质的问题放在一起排列，使之形成与其他部分相互联系又相互独立的部分。

2）按问题的时间顺序排列。在同一性质的问题中，常有一些包含各种时间的问题，有的问一个月前的，有的问一年前的，也有的问几天前经历的。这类有时间序列的问题应依次排列，不能杂乱，以免使被测者的记忆遭受干扰而无法理出正确的思路。至于应从远的时间顺序依次向近的排列，还是从近的时间顺序向远的排列，没有一定的限制，应以有利于实施为先决条件。

3）按由浅入深，由易入难内容顺序。在内容中属于一般或通论性质的问题应放在前面，属于特殊或专门性质的问题应放在后面。受测者较熟悉的问题放在前面，生疏的放在后面。这样可以使受测者由浅入深，由易入难，避免一开始就产生畏惧之感，或产生排斥心理。

（3）问题提出的形式

在问卷调查中，问题一般分为开放式和封闭式两种形式。

开放式问题如："您对本厂的印象如何？""您认为我厂产品质量存在的主要问题是什么？"其优点是：可以帮助调查人员开阔思路，发现急需调查和了解的问题，有时还能搜集到一些公共关系人员事先未曾预料到的问题。其缺点是：被调查人有可能填写许多与调查无关的意见，资料不标准化，难以进行定量分析。

封闭式问题如："假如以服务质量为标准将北京市所有饭店分为六个等级，您认为我饭店应属于哪一等级：A. 上上；B. 上下；C. 中上；D. 中下；E. 下上；F. 下下。"其优点是：问题的回答标准化，可比性强，容易分析和处理。同时，回答者能够比较方便地回答问题。其缺点是：容易使没有看法或不知如何回答的被调查者猜着回答，难以弄清被调查者在填写问卷时的内心活动过程。例如，调查新工人是否对工厂生活感到满意时，在回答满意的人中，所指的满意却有不同的含义。因此，封闭式问题往往要几道题才能确定一种内心态度。

2. 答案设计

在问卷的每一个问题后，一般都设计供被调查者选择或填写的答案，答案是问卷主体部分不可缺少的内容。答案可分为三种类型，即封闭式回答、开放式回答和半封闭半开放式回答。

（1）封闭式回答

封闭式回答指设计问卷时，在提出问题的同时，列出若干个答案，被调查者根据自己的情况选择一个或几个答案。主要有填答式和选项式等形式。

1）填答式，即在问题后划一横线，由被调查者填写。

例如：

您的年龄____岁。

您的居住地是____（省、直辖市或自治区）。

您家里有几口人____。

封闭式回答对被调查者来说，填写比较容易、方便，因而有助于提高问卷的回收率，同时答案标准化有利于进行统计分析和对比研究。其缺点是：对比较复杂的问题，答案难以设计周全；回答方式缺乏弹性，难以发挥被调查者的主观能动性；被调查者填写答案时的失误难以发现，影响回答的真实性和可靠性。

2）选项式是指给出的答案有多项，被调查者可根据自己的情况选择一项或多项。

例如：

您的文化程度是____。

A. 小学及以下；B. 初中下班；C. 高中及同等学历；D. 大专及以上。

您从何处知道或了解我们的产品____。

A. 报纸；B. 电视；C. 朋友介绍；D. 街头广告；E. 商店。

（2）开放式回答

开放式回答是指在设计问卷时仅仅提出问题，不提供具体答案，由被调查者自由填写。

例如：

您认为我们产品的主要优点有哪些？

您认为我们产品的主要缺点有哪些？

开放式回答的优点是：被调查者回答问题不受限制，可以充分自由地发表个人见解，适合于回答那些答案较复杂、或尚未弄清各种可能答案的问题，因而常用于探索性研究。

开放式回答的主要缺点是：回答资料标准化程度低，难以进行分析和比较；需要被调查者具有较高的知识水平和文字表达能力，并花费其较多的时间与精力，影响回收率。

（3）半封闭半开放式回答

即在封闭式回答后加上"其他"，或在开放式问题前加上封闭式答案。这种形式既给被调查者一定的自由回答余地，又给其一定的标准化答案。这种方式既综合了封闭式回答和开放式回答的优点，又克服了它们的缺点，具有广泛的用途。例如：

您认为该产品的主要特点是____。

A. 性能优良；B. 适合家庭需要；C. 外观设计美观大方；D. 其他（请说明）。

您对我们产品的评价是____。

A. 满意；B. 一般；C. 不满意；

请说明理由：____。

5.2.5 问卷设计的注意事项

（1）申明调查的目的，保证被调查者行使不记名填写的权力。

（2）尽可能使用通俗易懂的句子和整齐的版式，使问卷一目了然和美观大方。

（3）问卷最多不超过 25 个问题。冗长的问卷容易使被调查者厌烦，影响答卷的质量。

（4）问卷底部留出空间，用以被调查者填写补充说明。

（5）提高问卷的有效性，防止对问卷题目产生理解上的偏差，问卷设计人员应预先自行答卷并提出改进意见。

过程 5.3 数据统计

5.3.1 数据统计的基础

在公共关系调查实施阶段所获得的原始资料，往往是粗糙的、表面的和零碎的，如不经过公共关系调查人员的整理加工，那只是杂乱无章、不能说明问题的材料堆积，也就不能对调查资料所代表的公共关系现象的总体情况进行分析，据此得出科学结论。因而，充分认识数据整理、统计的意义并熟练掌握其方法是极为重要的。

进行数据统计，必须具有：

1. 充足、可信的数据资料

统计是对数据材料的整理与加工，统计的好坏首先建立在充足、可信的数据资料的基础上。数据资料越少，就越不能代表总体的情况，因而统计工作不是无从下手就是结论误差很大；资料可信度不高，统计得出的就只能是错误的结论。

2. 基本的数学知识

数据统计工作就是和数字打交道，平均数、相关数、误差率等的计算都要运用一定的数学知识。公共关系调查人员不仅要有良好的公共关系的知识，还需要学习相应的数学知识。对统计结论进行分析，更需要良好的数学功底。

3. 理性、细心的工作态度

相对调查工作而言，数据统计是一项较为枯燥的工作，成千上万的数字需要公共关系工作人员以无比的细心来对待，稍有疏忽，得出的结论就有可能大相径庭。同时，这也是一项需要理性的工作，一旦发现统计结论与假设不相吻合，不能意气用事，而应该以加倍的细心检查数据，重新统计，找出原因。如果结论属实，必须如实报告，不能擅自篡改统计结果。

5.3.2 数据统计的步骤

1. 资料的审核

审核，是对调查资料进行审查与核实的工作，目的在于保证资料的客观性、准确性和完整性。实际上，资料的收集和审核在大多数情况下是同步进行的，即边收集资料边审核，此类审核叫做实地审核或收集审核；在收集资料后集中进行的审核叫做系统审核。

（1）审核的原则

1）真实性原则。对收集到的资料要根据实践经验和常识进行辨别，看其是否真实可靠地反映了调查对象的客观情况，而后去伪存真，保证资料的真实性。

2）标准性原则。在大规模的调查中，对于需要相互比较的材料要审核其所涉及的事实是否有可比性；对于统计资料，要注意指标的定义是否一致，计量单位是否相同等。

3）准确性原则。要对资料进行逻辑检查，检查资料中有无不合理和相互矛盾的地方。如某人年龄栏内填写 23 岁，而工龄栏内填写 18 年，显然相互矛盾。

4）完整性原则。检查资料是否按提纲或统计表格的要求收集齐全，发现的新线索、新问题是否都做了调查。

（2）审核的方法

1）第一手资料的审核。第一手资料是指直接调查获得的资料，如用观察法、访谈法、问卷调查法获取的资料。一般情况下，第一手资料可以对照事实重新审核。对于用观察法获得的资料，审核时应当注意检查观察资料是否严格遵循调查提纲收集。若观察是以小组为单位进行的，则应将小组成员各自获取的情报进行比较，以保证资料的准确性。

访谈法又分为非结构式与结构式（或标准化与非标准化）访谈法两种类型。对于通过非结构式访谈法获取的资料，审核时应注意了解被调查者的态度及其理解力、情感偏向，不能有闻必录。对于通过问卷调查法和结构式访谈法获取的资料，审核时则应注意三点：①完整性，即该填写的项目是否都填写了；②是否有逻辑错误；③通过检查问卷中的控制性问题来判断回答的可靠性。

2）第二手资料的审核。第二手资料是指间接调查获得的资料，主要指通过资料分析法（文献资料）获取的资料。第二手资料一般包括两类，即文字资料和统计资料。

对文献资料的审核，一般应注意弄清文献作者、出版者的社会政治背景及目的，这些情况对文献是有影响的。还要注意文献编写的时间，尤其是对于记录历史事件的文献，应把文献编写时间和文献中所描述的事件发生的时间加以对照。一般情况下，文献编写日期离事件发生的时间越近，文献的内容就越具体可靠，但也有可能文献受当时社会政治背景影响而含有虚假成分；而文献编写的时间晚些，则文献可以摆脱当时的社会政治影响，反映事实更客观些，但又可能因距离事件发生的时间过长而出现遗漏或偏差。所以，审核时必须具体情况具体分析。

2. 资料的分类

资料整理的第二步工作是分类。经过审核后的资料虽然能达到真实性、准确性、标准性、完整性的要求，但仍是分散的、杂乱的，很难从中找出规律性的东西。分类就是按一定的标准将资料归类，使繁杂的资料系统化、条理化的过程，它不仅能方便资料的存取，也能加深对调查对象的认识和了解。

（1）确定分类标准

分类的关键在于选择和确定分类标准。分类标准可分为品质标准和数量标准两大类。

所谓品质标准，就是反映事物属性差异的标准，如性别、民族、职业等。所谓数量标准，就是反映事物数量差异的标准，如年龄、收入、人口等。

分类标准的选择必须十分慎重。分类标准的确定往往反映了研究的目的和某种理论假设，其本身就是对所研究问题的一种分析和认识。选择的分类标准是否合理将关系到研究的成败。

确定分类标准一般应做到以下两点：

1）分类标准必须反映调查的目的。例如，要了解某地区居民的经济收入情况，那么，以身高作为分类标准就是毫无意义的。再如，要研究影响青年人择业行为的基本因素，而事先提出的假设是："家庭的社会经济背景是影响青年人择业行为的重要因素。"那么，确定的分类标准就应该以家庭的社会经济背景为核心，如以父母的职业、文化程度、家庭的经济状况等变量作为分类标准。

2）分类标准必须能反映事物的重要特征。事物的诸多特征，根据其与调查目的的关系，可以区分为重要特征、一般特征和无关特征。由于受研究条件（时间、人力、财力等）的限制，对事物所有与研究目的和研究假设有关的特征都进行考察是不现实的，所以，研究者必须在其间作出选择，选取有关的重要特征作为分类标准。

（2）选择分类方法

确定了分类标准以后，接下来的工作是根据分类标准对资料进行具体的划分。

资料的性质不同,分类的具体方法也有所不同。但无论是定性资料,还是定量资料,都必须遵循下述三个原则。

1)互斥性原则。互斥性是指所划分的各类别之间不能相互重叠,以保证每一个对象只能归于一类,不能既属此类,又属彼类。例如,将企业按所有制性质区分为国有、集体、私营、外资、合资、三资企业等的划分方法就不是互斥的,因为三资企业的概念包括了外资和合资企业。如果有一个外资或合资企业,它就可以被同时划入两个类别,这是不合理的。

2)完备性原则。完备性是指所划分的各类别之和应是周延的,即类别的确定应当使每一个对象都有所归属,分类的结果应将所有对象都包容进去,无一遗漏。例如,将人按年龄划分类别,若划分结果为19岁及以下、20~39岁、40~59岁、60~80岁四组,则这种分类方法就是不完备的,因为80岁以上的人无组可归。

3)显著性原则。显著性原则即分类的效应具有显著性。具体地说,类别界限的确定应使各类别之间的差异尽量增大,每一类别内部的差异尽量缩小。例如,研究不同职业的人对时尚的态度,可以将职业分为十几类甚至几十类,也可仅划分为两类——体力劳动者和脑力劳动者。至于说应采用哪一种分类方法,这就要看哪一种分法更能将不同职业的人的态度差异表现出来。

3. 数据的统计

调查资料的整理工作完成以后,就进入了资料分析阶段。人们常用统计表、平均数、百分比等方式对资料进行一般分析。实际上,专业的资料分析可以分为统计分析和理论分析两个部分。统计分析作为一种定量分析方法,是调查资料的具体化和数量化,并为进一步的理论分析提供数据支持。因此,统计分析是公共关系调查中不可缺少的环节。

统计学发展至今,形成了多个相互联系但又相互区别的分支,从不同的观察角度或者不同的研究重点出发,往往有不同的分类。把统计学分为推论统计学和描述统计学就是该学科基本的分类方法之一。

所谓推论统计学,就是利用样本数据来推断总体特征的统计方法。例如,要研究某组织公众的年龄构成、受教育程度、收入水平等特征,如果利用普查的方式会受到人力、物力、财力等因素的限制,使工作开展的难度加大。所以,组织开展这方面工作时,通常采用抽样调查的方法取得样本资料,依据样本资料所能提供的信息来推断组织整体公众的特征。

描述统计学是指收集、整理、描述数字资料的统计学方法。例如,要计量居民生活费用的变动,首先要通过一定的调查方法,收集反映居民生活费用的相关数字,然后通过对这些资料的汇总、归纳、计算,将原始资料整理成有条理的、能够说明研究对象特征的科学指标,最后以相应的统计图、统计表将这些结果表现出来。描述性分析的基本内容包括集中趋势分析、离中趋势分析、变量分布分析和相关性分析,这四种分析方法是该部分的重点。

5.3.3　数据统计的简单方法

数据统计分析的手段很多，应用于公共关系调查领域的主要有平均数法、相对数法、动态数列法等。

1. 平均数法

平均数法是通过两个紧密联系而又相互独立的指数之比来说明事物在某一时期的一般水平的方法。平均数就是在一同质总体内，将各个个体的数量差异抽象化，用以说明各社会现象同一时期一般水平的统计数等，它是大量同类现象的概括描述，是将大量同类现象抽象化的一种手段。

2. 相对数法

相对数就是两个有联系的指标数值之比，用来表示某一社会现象数量的对比关系。它以一个抽象化的数字表明某些社会现象和过程所固有的数量比例关系。相对数是两个相互联系的统计指标的比值，它可以帮助了解事物在发展过程中不同阶段的情况、不同部分之间的相互联系以及它的发展趋势。从某种意义上可以说，相对数法可以弥补运用平均数法时所造成的缺欠。有了相对数指标，可以使我们对一些不能进行直接对比的事物，找出共同的比较基础。

3. 动态数列法

所谓动态数列，就是把综合指标所包括的绝对数、相对数或平均数，按时间顺序排列起来所形成的数列。从动态数列中，我们就可认识事物的发展规律、水平，观察事物发展的趋势和速度，掌握事物发展的一般规律。事物都是发展变化的，事物在内部矛盾运动过程中，反映出自身发展的规律。在调查中，不仅要从静态上，还要从动态上去分析事物，因此，就要进行动态数列分析。

【案例3】

调查问卷实例与市场调研"动态观"理论

【案例3.1】　调查问卷实例（简要）

某市商品住宅市场调查问卷

居民同志：

您好！为了能及时地了解我市居民购买或租赁商品住宅的真实意向，以便于更好地为您及广大用户服务，我们特组织了本次调查。本次调查采用不记名方式，对您的回答全部保密。希望能得到您的理解与支持，请您在百忙之中抽出一点时间回答我们的问题。对您的合作，我们不胜感激。

某市××房地产交易中心

一、填表说明

1. 除特别要求注明之外，每题只选择一个答案，请在右侧○里划"✓"记号。

2. 如另有意见，表内无法表达，请写在调查问卷的空白处或另纸附上。

二、基本资料

1. 您的性别：男〇　女〇

2. 您的婚姻：已婚〇　未婚〇

3. 您的年龄：20 岁以下〇　21～30 岁〇　31～40 岁〇　41～50 岁〇　51 岁以上〇

4. 您的职业：工人〇　农民〇　军人〇　公务员〇　教师〇　医生〇　个体工商户〇　企业家〇　其他〇

5. 您的月收入：500 元以下〇　501～800 元〇　801～1000 元〇　1001～1500 元〇　1501～2500 元〇　2501 元以上〇

三、问卷

1. 您现在所住住房类型？

平房〇　旧式楼房〇　单元楼房〇　宿舍〇　其他〇

2. 您最近是否决定购买住宅？

购买〇　不购买〇　暂不决定〇

3. 您认为购房比租房更经济吗？

经济〇　不经济〇　差不多〇

4. 您认为购买房屋最大好处？

保值增值〇　自用方便〇　从事第三产业〇　留作遗产〇　出租获利〇　其他____

5. 您认为住宅最佳朝向？

东〇　南〇　西〇　北〇　东南〇　西南〇　东北〇　西北〇

6. 若您住公房，房改后向居民出售，您作何打算？

立即买下〇　继续租赁〇　过段时间再买〇　未想好〇

7. 若拟买房，您是属于下列哪种情况？

准备立即购买〇　筹措一段时间再买〇　想买但无能力〇　有款但房源不称心〇　已买过，但准备再买〇　其他____

8. 若购买新单元楼房，拟选何种户型？

一室一厅〇　两室一厅〇　三室一厅〇　四室一厅〇　其他____

9. 您认为住宅本身条件中哪些最重要？

楼层〇　朝向〇　采光〇　通风〇　户型〇　室内布局〇　配套设施〇　视野〇（请用阿拉伯数字依次列出 3 项）

10. 您打算选什么价位的房子？

900～1200 元/m²〇　1201～1500 元/m²〇　1501～1800 元/m²〇　1801～2000 元/m²〇　2001 元以上/m²〇

11. 若您拟租房，您希望月租金为多少？

15 元以下/m²〇　16～20 元/m²〇　21～25 元/m²〇　26～30 元/m²〇　31 元以上/m²〇

12. 您对所购住宅有哪些方面最不满意？

地点○　环境○　设计○　质量○　价格○　建材○　物业管理○（请用阿拉伯数字依次列出 3 项）

13. 您购买住房最先考虑的因素是什么？

舒适○　安静○　美观○　气派○　安全○　方便○　宽敞○　物业管理○（请用阿拉伯数字依次列出 3 项）

14. 您认为住宅小区环境中哪几点最重要？

离工作单位近○　交通便利○　购买方便○　文化娱乐○　绿化○　中小学质量好○　其他＿＿＿（请用阿拉伯数字依次列出 3 项）

15. 下列营销手段哪项对您影响最大？

电视○　报纸○　广播○　杂志○　海报○　推销上门○

16. 您对住宅小区物业管理如何评价？

满意○　比较满意○　一般○　不满意○　很不满意○

17. 您对房地产中介机构有何评价？（自主回答）

填表日期：年　月　日

尊敬的居民朋友：非常感谢您的支持，我们一定重视您提出的宝贵意见和建议，希望您以后对我们的工作给予更多的支持与关注。

【案例 3.2】 市场调研的"动态观"理论

一、内涵

自我国进入市场经济以来，市场调研这个使企业了解目标市场需求、竞争对手行动以及市场动态的有效手段，已随着营销观念的逐步导入，逐渐被更多的人所采用。但有些企业在进行了市场调研后却仍然作出了落后于市场的决策，导致市场业绩不佳，这又是为什么呢？

社会是在不断变化中进步的，市场亦是在动态中发展的。企业要想不落后于瞬息万变的市场，就必须随时掌握动态的市场信息，而动态的市场信息必须依靠不断进行的、动态的市场调研来获得。所以，强调市场调研的动态行为，就是为了能给策划人及企业的经营决策者提供更系统、客观、公正的市场信息，使决策者们能及时、准确地把握不断变化的市场，从而制定出决胜市场的经营策略。"市场调研的动态观"由三个主要论点组成：

（1）用营销理念指导市场调研。调研是为营销服务的，所以必须把市场调研看做是市场营销的一个组成部分，用正确的、符合目标市场情况的市场营销理念进行指导。

（2）要与主要决策者进行深入沟通。只有真正了解了主要决策者的经营思想，才能有的放矢地开展行之有效的市场调研。

（3）及时补充，避免数据的时滞性。要根据市场趋势及企业情况进行及时的补充调研，为营销策略的完善提供及时、准确的资讯依据。

二、解释

虽然在我国已有越来越多的企业开始接受现代营销理念，但据有关资料显示，市场调研的"动态观"理论真正进入"营销成熟阶段"的企业却极少，原因之一是他们对市场经营的关键环节——"市场调研"的内涵尚缺乏实质性的了解与实施。在实践中，我们也会经常遇到对市场调研重视程度不够的企业。遇到最多的，是企业只在产品入市的前期或是在遇到困境时（在不得已的情况下），做一次性的、很有限的市场调查。许多企业并没有把市场调研当做整个营销链条中始终不能断开的重要环节，而仅仅将其当成即时性的（甚至是一次性的）、次要的一般性工作来对待。但市场是瞬息万变的，由于不能及时掌握变化中的市场信息，从而导致在经营过程中事倍功半的、甚至完全有悖于市场规律的错误决策的经常出现。

三、运用

市场调研在整个营销过程中有两个重要作用。①它是市场情报反馈的一部分，是决策者进行有效的营销组合所需信息的主要来源。②它是预测市场趋势和探索新的市场机会的重要工具。调研者要想发挥这两个重要作用，必须以符合目标的市场情况并能给客户带来较好市场回报的营销理念去指导其调研行为。

企业的营销策略是指导企业市场行为的决胜关键，而制定营销策略的主要依据则来自于市场信息。制定何种策略，收集哪些信息，更是策略制定者应把握的基本要素。以营销调研为例，它包括：市场潜力测量、市场份额分析、市场细分分析、市场特征分析、销售分析、营销渠道研究、新产品概念研究、试验市场研究、广告调研、购买者行为研究等。所有这一切都是策略制定者必须考虑的内容，而且是贯穿于企业的市场行为的全过程中的。以笔者亲身经历的一个案例为例：某城市有一个以房地产开发为主业的 R 公司，在该市的西南方向购地 500 余亩，拟进行中高档房地产项目的开发。在规划设计初期，R 公司特别花 20 多万元请了一家在香港及北京均颇有名气的 Z 公司来为其市场调研的"动态观"理论进行前期的市场调查。这家调查公司从北京派了四位年轻的调查员到目标城市进行调研。经过三个多星期的工作，调查员们拿出了四本图文并茂的调研报告，报告中列举了一系列的分析数据，得出结论：建议 R 公司在那块 500 余亩的土地上开发以 12～19 层为主的板式小高层。这个结论在双方的沟通会上遭到了 R 公司中高层领导的一致反对，原因是 Z 公司派出的工作人员对 R 公司的开发意向及其所在城市房地产市场的具体情况缺乏深入的、实质性的了解。他们习惯性地依据北京市的房地产形势来作出主观判断，然后套用北京及香港的模式。因此，尽管四位调查员辛辛苦苦地工作了三个多星期，做了 200 多页的调研报告和计算机演示文件，但其结果仍然被 R 公司以一句"辛苦了"全盘否定。最终 R 公司根据自己的市场调研，决定开发适合当地市场的联排别墅（Town Huose）。

这个例子说明，不同的产品有不同的特性，相同的产品也会因不同的目标市场和销售时段而需要不同的市场策略，这是一个市场规律的因果关系。也就是说，决策者们要想制定一个在准确的市场信息背景下的、正确的营销策略（或者是策划人向决策者提供必要的参考依据时），就必须以尊重市场（变化）规律的营销理念去指导有计划的市场调研，只有在正确的营销理念的指导下，市场调研才能发挥其及时、准确、系统的服务营销的目的。

"营销胜利的基础越来越取决于信息，而非销售力量。"当每一次调研结束并被形成文字后，那些纸上的数据就变成了静态的记录，而市场却是在随时变化着的。也就是说，在瞬息万变的市场中，任何调查数据都不可避免地会有时间上的滞后性。因此，那些静态的数据和报告如不进行及时的补充、更新，便会因信息的滞后而影响营销方案的及时调整，甚至会给企业带来无法弥补的损失。还是上面的例子，R 公司决定进行联排别墅项目的开发后，该项目不久便在当年的"房交会"上被推出并引起轰动，很快在当地引发了一场 Town Huose 热，R 公司更是在随后的三个月内（以内部认购的形式）便售出了开发总量的 20%，形势甚是喜人。但是，由于种种原因使得项目的开发推迟了约一年时间，而在这期间却有其他开发商及时跟进，开发了类同的项目，抢先上市。当 R 公司的 Town House 项目终于开盘时，市场已发生了很大的变化。但 R 公司并未在这一年多的时间中及时对变化后的市场做进一步的市场调研，而是仍延续其一年前的旧思路。由于其主力户型的设计及营销策略已落后于市场，结果在正式开盘后的近一年时间里销售量仅有 30%左右（包括内部认购期间的 20%），R 公司预计的市场回报并未出现。

这个例子说明了一个很现实的问题：市场是动态的，经营者要想在瞬息万变的市场中保持领先地位，就必须随时掌握变化的市场信息，并对产品及市场策略作出及时的调整，也就是说为了提高决策者制定营销策略的准确性，就必须进行动态的市场调研，才能保证将信息的误差与决策的误差都降至最低。

【任务拓展】

（1）通过各种传播媒介，收集公共关系案例和自己感兴趣的经济信息、科学文化信息等，并进行分类整理。

（2）常用的房地产公共关系调查方法有哪些？

（3）运用学过的某一种调查方法，就下列问题选择一项，在同学中进行调查。

1）关于课外书籍的阅读情况。

2）关于专业课学习兴趣的情况。

3）关于上网的情况。

4）关于对社会问题的关注情况。

5）关于房地产修建质量的情况。

（4）从上述题目中选取一个进行调查问卷的设计，完成后与同学交流一下，看谁设计得更好。

过程 6.1：公共关系活动策划

任务 **6**

房地产公共关系活动管理

【任务目标】

(1) 掌握公共关系活动目标制定的原则和目标公众的定性分析和定量分析。

(2) 掌握与目标公众关系协调的原理。

(3) 掌握主题设计基本理论。

(4) 掌握创意和构思基本原理。

(5) 掌握公共关系活动策划文案撰写准备工作的过程。

(6) 了解公共关系活动策划文案的撰写要点，能够撰写公共关系活动的策划文案。

(7) 掌握公共关系活动预算书的编写要点，能够编写公共关系活动预算书。

(8) 掌握选择公共关系活动场地的方法。

(9) 掌握公共关系活动项目分解理论。

(10) 掌握实施设计原则。

(11) 了解关键路径法理论和双坐标推展法理论。

【任务背景】

在"任务 5"中，小评根据营销部的安排，对该项目进行了公共关系的调查与评估，获取了很多有用的信息。在此基础上，小评所在的营销部策划举办了富有特色的公关活动，其活动内容涉及准确地把握了解目标公众的心理特点，并能根据这些特点制定企划方案。

房 地 产 公 共 关 系 应 用

FANGDICHAN GONGGONG GUANXI YINGYONG

过程 6.1 公共关系活动策划

6.1.1 公共关系活动目标的确定

每一项公共关系活动，都是组织总体公共关系战略的组成部分。因此，确定一项公共关系活动的目标，应该以组织的总体公共关系策略为依据。

公共关系活动目标是期望的活动成果，即让参加活动的公众在参加活动后所得到的成果。因此，目标确定的首要任务是把握公众的期望和需求，其次才是组织的传播需求。只有综合这两方面，才能制定出正确的公共关系活动目标。

1. 公共关系活动目标的类型

公共关系活动目标分为预告性目标和促进性目标两种类型。

（1）预告性目标

预告性目标是设定在公共关系活动实施之后所要达到的效果。这一类目标简明扼要，比较数据化，易于衡量。例如，企业举办新经营理念的宣传活动，目的是促使 60% 的员工了解企业新经营理念的内容。

（2）促进性目标

促进性目标是通过公共关系活动推动信息的传播。传播的结果受到很多因素的影响，难以用数据来衡量，因此，促进性目标强调的是在原有基础上的进步。

2. 制定公共关系活动目标的原则

（1）具体

公共关系活动的目标是具体的，可以实现的。

（2）量化

公共关系活动可以用量化的指标衡量。

（3）一致性

公共关系活动主体与客体可以达成一致的意见。

（4）可行性

公共关系活动目标实现的条件是具备的，包括人力、物力、财力等资源可以满足项目的需要。

（5）时间性

公共关系活动的时间是确切的，且有足够的时间允许计划的执行。

3. 影响公共关系活动目标确定的因素

（1）经费因素

一般说来，投入的经费和产生的效果是成正比的。当然，能够少花钱办大事更好。

（2）时间因素

公共关系传播是一种双向的沟通传播，力促公众接受某一信息或某一新的观

90

念，需要一定的时间。

4. 确定公共关系活动目标的注意事项

公共关系活动目标要切合实际，不应定得太高，太高了难以实现。反之，目标定得太低，即使成功了，实际意义也不大。目标应该设定为需要经过一定的努力才能达到的水平。

6.1.2 公共关系活动目标公众的确定

公共关系活动与公众的有效沟通是十分重要的，公众参与是影响公共关系活动成功与否的最重要的因素。

在公共关系活动中，组织与公众是沟通的两个方面。作为活动主办方的组织希望以自己的意见、目标使参加活动的公众受到活动的影响；而参加活动的公众也希望以自己的意见、目标公众的需求和期望，影响公共关系活动的主体决策。比如，目标公众在活动中的需求、目标公众关注的热点话题等。

每个组织都有特定的公众群。而每一项公共关系活动，都不会针对全部的公众，而是根据不同时期、不同活动的需要，针对某一部分或若干部分的公众。

公众研究是公共关系活动研究的重要课题。在公共关系活动中，准确地确立公众，是实现有效传播、提高成功率的重要的基础工作。

1. 目标公众的确立程序

(1) 找出公共关系活动组织的目标公众群。每一个组织一般都可以找出 20 个或更多的公众群。

(2) 以公共关系活动目标为标准，在公众群中列出本项公共关系活动的目标公众。一般来说，公共关系活动的目标公众包括政府、大众传播媒介、某个案特定的公众等。

(3) 准确地界定公共关系活动的目标公众。它是一项专业性很强的工作，需要以定性分析和定量分析的方法确定，是公共关系人员必须掌握的技术。

1) 定性分析。是根据公众的不同特性予以划分及分析。

按类型划分。例如，工人、学生、政府工作人员、内部员工等。

按人口特征划分。例如，年龄、性别、受教育程度、地域因素等。

按心理行为特征划分。例如，情绪、行为、价值观、态度等。

2) 定量分析。一般通过数据统计的模式来进行。例如，通过问卷抽样调查，了解公众对组织知名度、美誉度的评价等。

2. 目标公众的类型

值得注意的是，目标公众的表现形态是变化的，随着环境、情景的变化而变化。美国著名学者格鲁尼格提出的情景理论很好地解决了目标公众是谁、目标公众的意见是怎样的这个问题。格鲁尼格认为，公众一般分为三大类型。第一类是未认识问题的潜在公众；第二类是已认识问题的知觉公众；第三类是活跃、积极并且加入行动的行动公众。

按照情景理论，可以从三个角度分类不同的公众和传播方式。一是以人们对问题的认知程度来划分；二是以人们对外界阻力的认识角度来划分；三是以人们对问题涉入的程度来划分。

3. 目标公众关系的界定

确定了目标公众，还必须解决与目标公众沟通的问题。只有解决了这个问题，才能准确界定公众关系的问题。

（1）与相关公众的信息沟通

信息沟通是公众关系处理的基础性的重要的工作。有了充分的沟通，才能相互了解、相互支持、相互合作，化解矛盾，消除危机。

1）收集信息。社会组织通过社会调查、情报收集、环境监测等了解公众情况。

2）发布信息。向公众发布信息的方式有：通过报刊、广播电视、互联网发布信息，举办各种会议、展览展示、庆典、开放参观日、专题活动等，刊发广告，编发简报、年报、手册、公开出版物等。

（2）与相关公众的关系协调

社会组织内部以及社会组织与公众之间比较和谐一致的状态，称其为关系协调；社会组织为了促使组织内部以及社会组织与相关公众的相互适应、相互合作所作出的调整、平衡行为，也称为关系协调。协调既是公共关系工作的主要目的，又是公共关系工作的重要方法。

1）协调的内容。①利益协调。社会组织与相关公众的联系、合作，最主要的原因是相互之间有利益上的互补。双方利益协调好了，公共关系的维持、发展就有了良好的基础。②目标协调。目标协调，就是将社会组织目标、组织成员目标、社会公众目标统一起来，使三者达成和谐，保持一致。共同一致的目标既是合作的动力，又是合作的依据。③态度协调。态度影响着人们的判断和行为。要处理好与公众的关系，必须对公众的态度给予高度重视。态度协调主要从认知、情感、意向几个方面入手。④行为协调。行为协调是指社会组织对自身的行为或公众的行为进行调整，使双方统一步调、统一行动。行为协调是公共关系协调的终极效果。

2）协调的原则。与公众协调的主要原则有：平等原则、互利原则、求同存异原则、系统原则、双向调节原则、注重沟通原则、讲求信义原则、持久原则等。

3）协调的方法。公共关系协调的方法有：沟通信息、塑造组织形象、调整自我、结构调整、组合、心理调节、说服、感情沟通与调整、培育共同价值观、借助道德力量、以礼相待、舆论引导、协商、调解、仲裁、采用规章制度、运用法律武器、直接指挥与调控、竞争、斗争等。

6.1.3 公共关系活动主题的提炼

公共关系活动主题是按公共关系活动目标要求，通过活动的内容、形式等各种元素所表达，并予以传播的活动的中心思想。这一概念表明，主题是根据目标而设计的活动的中心思想。主题具有可传播性，通过活动的内容、形式等各种元素让参加活动的人都能够感受得到。任何一项公共关系活动都必须鲜明地确立主题，主题是活动的灵魂。准确确立主题，活动才有意义。精彩的主题为高质量的活动奠定了成功的基础。因此，主题设计是影响公共关系活动成效的重要因素，主题设计也是公共关系活动策划的最重要的任务。

一个优秀的主题设计应符合下列基本要求。

1. 公共关系活动的主题与目标相一致

目标是既定的活动成果，是希望参加活动的公众在参加活动后所得到的成果；主题是活动传播的信息。两者是一项活动的要素在不同角度的不同表现形态。因此，公共关系活动的主题与目标必须是一致的。例如，1986年，广州首次举办全国运动会。为了宣传广州形象，借举办全国运动会之机，全市开展了一个以"微笑在广州"为主题的全民文明礼貌推广活动。这一活动就达到了目标（宣传广州形象）与主题的一致。

2. 主题要富于特色

特色就是鲜明的个性，是指有别于其他活动的特性。如果主题千篇一律，策划就不会成功。公共关系活动应该具有创新性主题。

3. 主题设计既要适应公众的心理，又要促进公众心智的进步

适应公众的心理是基础，在适应的基础上，应着意加入促进公众心理进步的动力。要获得这个效果，就需要策划者在主题设计过程中仔细构思。例如，拥有一个文明的环境，是多少年来公众的热切追求，但是仍然未能造就这种环境，又是部分公众的行为所致，这就需要有一种动力来引导公众行为。北京在进入全面迎接2008年奥运会的阶段，开展了许多主题活动，如文明礼貌活动、绿化活动、学英语活动等，这些活动都包含了对公众行为的适应性和促进公众心智进步的设计。

4. 主题要易于传播

主题的表现形式是多种多样的。可以是活动的名称。如"广州教育基金万人行活动"，旨在唤起社会关心教育、支持教育，主题鲜明，贯穿于整个活动过程中。主题的表达，可以是一句口号。如广州首届杰出青年评选口号"建功立业，服务社会"。也可以是一段精辟的文字。这种表达方式最典型的是许多知名企业的CI策略所表达的经营理念，如三菱电机公司经营理念："三菱电机经由优良的技术与创造力，致力于实现有活力又富足的人类社会。"主题也可以隐含在活动之中，或是在活动的各项内容中表达出一个基本概念。如"微笑在广州"的系列活动。主题还可以通过吉祥物、标志、主题歌、标语等多种有形或无形的方式表现出来。无论主题以什么形式表现，一个精彩的主题，必须具有易于传播的特性。

一个出色主题的产生有赖于高超的选题技巧。在实际策划构思过程中，会有多个主题供选择，应该以主题的急切性为标准选出一个主题。所谓急切性，就是现实所急需的，它包含两重意思：一是时间概念，即当选主题在公共关系活动时间内是适合的；二是主题内容具有适时性，这就要求在确定选题时要善于捕捉时机。公共关系活动可利用的时机是很多的，如重大的节目，企业机构的周年活动、开张、扩业、动工、新址落成、重大项目投产等大事件，以及某些突发性事件，

都可以作为选题利用的时机。

在确定主题之后，需要对活动的各项构成元素，包括场景、内容、形式、程序、气氛、布置物（道具）进行设计，使这些元素成为阐述主题的语言。例如，要举办一个以"北京之夜"为主题的晚会，目标公众是年轻人。那么，晚会就可以包含如下构成元素：场景是北京的古建筑、长安街的灯光、北京的夜景、三里屯的酒吧街风情、央视标志、国家大剧院……节目有京剧、年轻人喜爱的流行音乐、小品、相声……餐饮食品包括北京烤鸭、冰糖葫芦、北京水蜜桃、燕京啤酒等。总之，在活动的场景、内容、形式、程序、气氛、布置物上都要运用最能体现北京风味的表达元素，以烘托主题。

6.1.4 公共关系活动的创意与构思

1. 创意

创意是表现主题、实现目标的具有创造性的主意。创意过程实质上是充分运用经验、直觉和想象进行创造性思维的劳动过程。就像一个画家运用他娴熟的绘画技法、对生活的认识以及他所要表达的意向去创作一幅新的构图；就像一位建筑师运用他的建筑专业知识、生活积累去设计一幢新的建筑物。创意是创造性思维的最高形式。

策划的生命在于创意，公共关系活动的震撼性源于创意的力量。创意是策划的核心内容。

（1）创意的主要特征

1）创意是对主题创造性的发展。创意既要保持与主题的一致，又要精彩地表现主题。

2）创意要与策划的基本要素相适应，具体表现为时间的适应性、社会因素（包括政策法律）的适应性、公众心理的适应性、区位文化的适应性。

3）创意是一个吸纳、提炼的创造性劳动过程。没有创造性劳动不会有创意，没有吸纳各种社会资讯、各种经验的过程，也不会有创意产生。

4）创意必须具备鲜明的个性，个性特征是创意的核心。产生创意的基本原则为：创意完全是把事物原来的许多旧要素作新的组合，必须具有把事物旧要素进行新的组合的能力。创意的产生主要建立在对要素相互关系的透彻了解之上。

（2）创意的五个步骤

1）收集原始资料。收集原始资料是创意的第一步。一般来说，收集的资料应该有两种类型：一类是特定资料，主要是指与特定策划项目相关的资料，这类资料大多由专门调查获得；另一类是一般资料，这些资料未必都与特定策划项目相关，但是却会对特定的策划方案有所帮助。因此，策划者应该对各方面的资料具有浓厚的兴趣，善于了解各个学科的信息。策划者掌握的原始资料越多，越容易产生创意。犹如一个万花筒，万花筒内的材料数量越多，组成的图案也就越多。

2）仔细阅读理解所收集的原始资料。资料收集到一定的程度，就要对所收集的资料进行认真的阅读、理解。这个过程要付出艰辛的劳动。在阅读的同时，要认真地进行分析，还应该辅以宏观的思维。对收集到的全部资料，包括专业的资料、一般性的资料、实地调查的资料以及策划者头脑中积累的资料，都应逐一整理、消化、琢磨。

分析原始资料是有一定的技巧的：①用不同的方式去考虑一件事；②从不同的角度分析一件事；③再把相关的两件事放在一起分析。在这个研究步骤中，关键是寻求事物间相互的联系。

3）放开题目，放松自己。经过充分的阅读、思考之后，策划者应该选取最喜欢的娱乐方式（如打球、听音乐、看电影等），将精力转向任何能使身心轻松的活动，完全放松。不要以为这是一个毫无意义的过程，实质上，这个过程是转向刺激潜意识的创作过程。转向喜欢的轻松方式，是刺激想象力及调控情绪的极佳方式。

4）创意出现。成功完成上述三个阶段，将会经历第四个阶段——创意出现。创意往往会在费尽心思、苦苦思索，经过一段停止思索的休息与放松之后出现，这时最关键的是要抓住随时出现的灵感。

5）对萌发的创意进行细致的修改、补充、锤炼、提高。这是创意的最后一个阶段。一个创意在初期萌发时，肯定不会很完善，这时候策划者就要充分运用所掌握的专业知识予以完善，最好将创意提交创意小组去"品头论足"。

2. 构思

公共关系活动的构思过程是艰苦的脑力劳动过程，需要运用多种思维方式。

（1）构思中采用的思维方式

1）元素重组的思维。元素重组的思维是构思的基本方法之一，它通过把旧有元素重新组合，激发策划者的联想，促成新构思的产生。在执行项目策划时，可以把以前个案原有的策划元素重新进行组合，从而产生新策划的构思。

2）发散辐集思维。发散辐集思维，实际是两种思维方式——发散思维和辐集思维。在公共关系活动策划过程中，通常会将两种思维组合运用。发散思维是指对一个问题，从不同的方向、不同的方面进行思考，从而找出解决问题的答案的思维方法。这种思维方法，可以使人的思考更加灵敏、快捷，思路更加开阔。这不仅能起到举一反三的作用，而且有利于探索解决问题的多个方案。值得注意的是，运用发散思维未必能够找到最合理的答案。因此，在公共关系活动策划工作中要把它和辐集思维一起运用。

辐集思维是与发散思维相对应的思维方法。辐集思维要求将已有的一些构想或事实作为起点，把各种信息聚合起来，按照一定的逻辑标准，沿着归一的方向进行推导，集中向某一个中心点，从而找出满意的答案。这一方法的特点是把遐想于千里之外的思路牵引回来，集中力量在某一条思维线上发动思维攻势，进而解决问题。

3）联想思维。联想思维是通过事物之间的关联、比较，扩展大脑的思维活动，从而获得更多创造性设想的思维方法。例如，鲁班在伐木中，被带小锯齿的丝茅草刮破了手脚皮肤，从而联想到锯树、锯木头的方法，因而创造了锯子，这就是联想思维的应用。

联想不是一般的比较思考，而是由此及彼、由表及里的思考的深化。联想思维要解决两件事物间在意义上的差距，把它们连接起来，发现某些事物的相同因素或相互联系，从而揭示出事物的本质。

联想是人本能的思维方式，但不是每个人都能运用联想而有所创造。只有把握一定的逻辑思维方式，联想思维才能发挥创造作用。

在策划过程中，运用得较多的联想思维方式有以下几种。①接近联想。即把时间和空间上接近的事物联系起来。比如由日落联想到日出，由水联想到船，由庆祝活动联想到唱歌、跳舞。②类比联想。即把具有相似特征的事物联系起来。比如由敲锣打鼓联想到喜庆活动，由春天联想到新生的事物。③对比联想。即把具有相反特征的事物联系起来。比如由黑暗联想到光明，由晴天联想到雨天，由成功联想到失败。④因果联想。即基于事物的因果关系而形成联想。比如假设户外活动会下雨，就要考虑防雨的雨伞或雨棚。⑤自由联想。即不受任何限制地、随意地联想。这种方式有时也能激发创造性的思维，多用于头脑风暴式会议。⑥急骤式联想。这种方法多用于会议，由会议主持人提问，规定与会者在短时间内迅速回答问题。比如主持人提问："晚会。"与会者迅速回答："唱歌、舞蹈、相声……"这种方法往往会带来创造性的意见。

4）逆向思维。逆向思维是在公共关系活动策划构思的时候，运用事物由因到果、由前至后的发展关系，运用作用到反作用的转化原理，采用逆向思维，以达到认识的深化或获得新的认识或构思。例如，科学家发明冷藏工艺，就是运用逆向思维形成的。科学家分析，既然细菌可以在高温下被杀死，食物可以通过煮沸而保存。那么，细菌会不会在低温下停止活动呢？食物会不会在冷却的过程中保鲜呢？逆向思维促成了今天的电冰箱、冰库及其他冷藏工艺的应用。

在策划过程中，这样的例子也屡见不鲜。一般来说，人们感到冷了才会购买寒衣、棉被。假如依此类推，寒衣、棉被在热天就不能销售了。但策划者的考虑恰恰相反，他们研究如何促成人们在热天也购买寒衣、棉被。于是用减价、扩大广告宣传等方式，促成了夏天购棉被的热潮。

（2）构思方法

策划构思方法也有很多，这里仅介绍两种方法。

1）头脑风暴法。头脑风暴法是通过联想进行构思的方法。头脑风暴法的核心是高度自由的联想。这种方法一般是通过一个小型策划会议，使与会者毫无顾忌地提出各种想法，彼此激励、诱发联想，导致产生新构思。

2）案例排列法。案例排列法也是通过联想方式进行构思的方法。案例排列法主要是通过对过去案例的回顾而激发新构想的构思方法。这类策划会议主要由与会者将与议题相同的过去的同类案例排列出来，并在排列案例的同时，构思新的计划。假设会议议题是讨论宴会游戏，与会者轮流发言，可以按座位顺序依次发言，也可以随时发言。发言者先将曾经有过的宴会游戏排列出来，并随时可以提出新的宴会游戏构想。记录员要把发言者的意见记录在黑板上，记录板分成两边，一边记录已有的案例，另一边记录新的构想，如此往返。案例排列法要力求穷尽与会者头脑中的案例，主持人要善于引导与会者进行联想推理，以便产生新的想法。

过程 6.2　公共关系活动策划文案的撰写

6.2.1　文案的准备和撰写过程

策划文案不是一般的文书工作，成功的公共关系活动策划构思是通过策划文案来表达的。策划文案能够将信息传达给公共关系活动组织的决策人，并作为决策人研讨、审定的依据。一份好的策划文案，要有清晰的逻辑思维，从策划到执行，循序渐进，清楚阐述一项公共关系活动的创意、构思、计划。同时还要有丰富的形象思维，运用绘图语言，展示一幅公共关系活动的立体画面，使读者、听者能切实感受到活动中对公共关系问题的界定，以及活动的主题、内容、氛围等，犹如亲临现场。

撰写策划文案的工作程序如下。

1. 阅读和理解各种相关资料

在创意及撰写策划文案的过程中，需要搜集许多资料，包括个案相关资料、场地资料、历史资料、政策和法规资料等。要恰当地运用这些资料，就需要做细致的汇集与梳理工作。最好是将资料按规律分类编组、分类存放，而最关键的是策划文案撰写人员要反复阅读资料，并进行消化、理解。

2. 拟定策划提纲

策划文案因不同的撰稿人可能有不同的格式，但陈述内容的框架基本是大同小异的。撰写策划文案，关键是拟定创意构思的要点和提纲。在撰写提纲时，理想的方式是一页书写一个提纲，这样做会有几个好处：①便于酝酿提纲时开阔思路，甚至可以从容易些的部分入手，不局限于一项接一项地书写；②便于随时修改与补充；③有利于全面检查整个计划的编排；④能够清晰地认识计划的作业量分布。

3. 充实内容

提纲拟好后，在提纲的右边设置一个提要栏，把提示语句、选用材料及说明写在提要栏的对应位置，并逐步充实内容。

4. 集中精力撰写

正式动笔之前要酝酿再三，打好腹稿。动笔之时，最好能够集中精力，一气呵成。

5. 修改提炼

提纲写好后，在右边的提要栏中逐步充实内容。不要急于定稿，通过反复检查、修改之后，将写好的策划文案暂且放置一边，第二天或稍过一段时间再拿出来，反复阅读、修改。古人把这种方法称为"出入观省"，是一种科学的思维方式。

6.2.2　文案撰写的要点

公共关系活动文案撰写，虽然并不要求统一的文案格式，但必须条理清晰、要点突出。

1. 清晰界定公共关系问题

要对公共关系活动实施有效的管理，首先要明确界定公共关系问题，即本次公共关系活动，集中解决的是什么样的公共关系问题。例如，是提升组织的知名度，还是传播组织某一个重要信息，或者是要解决组织刚刚遇到的危机管理的问题。这是策划构思的大前提，同时也是文案撰写的第一要点。

2. 公共关系活动的目标

目标有总体目标和分部目标。分部目标是由总体目标划分而来的，这就是公共关系的目标管理。例如，总体目标是传播企业的新的视觉识别形象系统（CIS）。分部目标有两个：一是重点传播企业的新的经营理念，希望有 20％的公众知道企业的新经营理念；二是向公众传播企业的新标识，即视觉识别的形象，希望让 20％的公众了解企业新推出的标识。

3. 目标公众

公共关系活动目标公众的界定，要在定性分析或数据分析的基础上予以决定，不能以"想当然"的方法来确立目标公众。

4. 活动内容构思

（1）基本内容

公共关系活动基本内容包括：活动名称、时间、地点、主办单位、协办单位、目标、主题、活动计划等。内容阐述最好是运用绘图的语言，使人看了以后，能够清楚地了解一个活动的设计蓝图。

（2）活动内容的提炼步骤

1）紧扣主题。策划构思形成之后，主题一般比较清晰，但策略上如何使其更明朗化，表达方式上如何更精彩，往往是文字上的功夫了。

2）细致地审查计划实施的条件。创意时可以更多地侧重于发散性思维，思路可以天高海阔、纵横驰骋、不着边际，但到了撰写策划文案的时候，就要具体地分析操作的可行性了。

3）在脑海中反复描绘构思的形象。有人称之为在脑海中"放电影"。就是说要把构思的全过程在大脑里像放电影一样，让其反复展现，以检查、验证构思的可行性。

4）要善于取舍。在讨论策划会上，在思考过程中，可能有很多好的意见，但是真正形成文案时，可能只是剪取其中一部分。有一些单独来看是很好的构思，但对整体来说则意义不大，对其要舍得放弃，而不要把所有的构思都集于一稿。

5. 传播策略

传播策略是一个很广泛的概念，它包括：传播信息所表达的概念、传播策略、信息的内容、传播媒介、传播时机等。

6. 评估的方法

通常以分部目标实现程度作为标准来衡量一项公共关系活动的成功值。因此，一份完整的策划文案，应该根据个案的分部目标，制定一个扼要而又可以衡量的评估标准。

7. 费用预算

费用预算是公共关系项目决策选择的重要依据。预算额度应该在合理的范围之内，清晰详细，包括详细的开支说明。

6.2.3 文案的排印和装订

公共关系活动策划文案写好以后，需要认真地排印、装订，这既是管理技巧问题，也是传播技巧的问题。不要以为排印只是形式，与策划文案质量关系不大，更不要以为只要有好的策划文案就不愁没人看。现代社会，生活节奏紧张，人们每天都面临着庞杂的信息冲击，策划者必须要在公共关系活动策划文案的编排上下工夫，注重版面的冲击力，才能引人注目。尤其是竞争性项目，如果排印、装订上输一筹，可能连被筛选的机会都会失去。因此，排印、装订本身就是增强说服力的手段。排印、装订除了文字工整、版面美观外，还要讲究技巧：①标题应醒目突出，包括大小标题，无一例外；②在扉页上列出提要，让阅读者对通篇文案先有个概括性的了解；③一页编排一个项目，这样便于阅读和修改；④行距、字距要适当，尽量不要形成密密麻麻的一片，自然段之间一般都隔行书写，以便于阅读者前后翻阅、思考斟酌；⑤装订要精美，先声夺人，给人一个良好的第一印象。

6.2.4 公共关系活动预算的编写

编制公共关系活动预算是公共关系从业人员一项基本的管理职能。公共关系活动预算本身就是策划的一个重要内容，编制公共关系活动预算，不但要求公共关系人员懂得管理计划，而且还要具有成本意识。编制公共关系活动项目的预算有以下几方面的作用：①有利于做到计划开支；②有利于成本控制；③有利于活动完结时的评估工作；④预算表实际上又起到工作计划表的作用，能推动实施工作的有效管理。

1. 编制预算的条件和原则

（1）编制预算的基本条件

1）首先要有一个既定的项目计划，然后才可以根据项目计划的实际需要计划预算开支。

2）预测和估算可能获得的资源和费用。

3）对市场的价格行情有充分的调查了解。这里所说的市场价格行情包括物料供应的市场价格和劳务的市场价格，劳务市场价格包括专业人士的劳务价格和制作性项目的市场价格。

（2）编制预算的原则

编制预算的基本原则是两条：①预算的准确度要高；②预算项目要实事求是。

2. 预算项目的组成部分

(1) 场地费用

场地费用包括场地使用权的租赁费。

(2) 物资费用

物资费用包括活动使用的各种道具、器材、设备、文具、礼品及布置场地物品等所需的费用。

(3) 礼仪费用

礼仪费用包括礼仪性项目的开支，如邀请文艺演出的演员、购买鲜花等所需的费用。

(4) 保安费用

保安费用包括活动期间保卫工作、安全设施、保健项目等的费用支出。

(5) 宣传费用

宣传费用包括用于活动宣传方面的开支，如摄影、录像、广告宣传、宣传品印刷、展示等费用。

(6) 办公费

办公费用包括交通运输费、差旅费等行政性开支或代付费用。

(7) 餐饮费

假如活动项目中有宴会或餐饮计划，需要安排这一项目开支。

(8) 劳务费

劳务费用包括公关人员和其他劳务人员的薪水。

(9) 不可预算费用

不可预算费用包括应急费和公关活动中常常发生的许多不可预算的开支，一般以活动费用总额的 5% 计算。

(10) 承办费

假如是委托专业公关机构承办的，必须支付承办费，这一费用实际包括了承办机构的管理费和利润。

3. 编写预算书

按国际惯例，公关活动项目预算书的编写不能只是笼统地列出一个总数，而应该逐项清楚列出，并附以说明。如果是中介机构编制预算，顾问或执行代理费用也要清楚列出。代收代付的费用应按实际支出作预算，尤其是一些代付的酒店费用、购物费用，许多主办机构要求直接结账和将账单直接交还财务销账，因此预算书要十分具体、准确。下面的实例是一份记者招待会的费用预算书，可供参考。

【实例】

记者招待会的费用预算书

序号	项 目	规 格	数 量	单 价	金额（元）
1	印制请柬、信封	19cm×11cm	100 个	15 元/套	1500
2	寄送请柬邮资		100 封	1 元/封	100

序号	项目	规格	数量	单价	金额（元）
3	电话联络费				500
4	场租	可容纳100人			3000
5	投影机租用费	1500 流明	2 台	2500 元/台	5000
6	放映员报酬		1 人	200 元/人	200
7	自助餐费		100 人	150 元/人	15000
8	新闻稿撰写				3000
9	资料袋印制		100 个	15 元/个	1500
10	文印资料		150 份	30 元/份	4500
11	拍照片				3000
12	纪念品		100 份	100 元/份	10000
13	服务费				8000
14	税收（10%）				5530
合计			60830 元		

由此可见，只有随时关注市场价格的变动，才能作出准确的预算。

6.2.5 策划方案的发表

公共关系活动策划文案完稿之后，需要向活动的主办者介绍策划的构思，这一过程称为方案的发表。"发表"给公共关系活动策划人员提供了争取策划文案获得通过的说明机会和论证过程。与活动策划过程一样，成功的"发表"同样需要周密的策划。

1. 发表的准备

（1）了解听众的情况

在发表会上，听者就是裁判。策划人员既需要取得裁判的支持，也需要与裁判进行有效的沟通。从心理学来讲，信息的传播会受发送者和接受者双方的知识水平和对所沟通问题的共识程度的影响。清楚地了解听众情况，有利于发表时有针对性地进行阐述。发表者需要了解的情况一般有：听众的人数、身份、年龄、文化层次、理解力、习惯和爱好、基本的观点以及对拟听取项目的倾向性意见等。其中，听众的理解力是关键的因素，它直接影响发表者所采取的论证方式。因此，必须在事前了解听众的信息。

（2）把握发表的目的

发表会是一个说服会，是策划者说服听众接受策划方案的过程。策划者要达到说服听众接受策划方案的目的，就要提供有说服力的依据。

（3）把握发表时间

把握时间包括两层意思：

1）发表会时间。应争取在上午召开。这是因为，上午人的精力旺盛，思维状态好，而午饭后注意力开始分散。

2）发表时间的分配。学校把每堂课时间设定为40～45分钟，这是教育学家的研究成果——人的注意力保持通常在此时间段内为最佳，超出则会疲倦。即使在这个时间段内，人的注意力也有高潮与低潮。通常前15分钟是高潮，从第16分钟起到结束前的5分钟是低潮，最后5分钟又会出现高潮。因此，发表者要充分把握前15分钟，要把主要的观点和主要的内容在这个时间段内讲清楚。在听众状态低潮时，多以事例或视觉资料吸引听众兴趣，集中他们的注意力。最后5分钟，则以激昂的、概括的语言，作总结陈词。

（4）充分运用视觉资料作为发表的辅助工具

心理学家研究证明，运用视觉资料可以大幅度提高发表的效果。作为接收信息的渠道，视觉的效果是听觉的6倍；从知觉机能效果看，视觉是听觉的7倍。使用视觉资料可以吸引听众的注意力，亦有利于发表者水平的发挥。因此，在发表会上，力争多准备一些视觉资料（多媒体尤佳）作为辅助工具。

（5）会场的设置

发表会会场也是影响发表效果的重要因素之一。心理学家的分析结果表明，与会者在会议室时精力容易集中，而在其他场所，听众的精力就相对容易分散。因此，最好选择会议室作为发表场地。会场与出席人数要相适应，会议室不要太大或太小，发表者与听者之间不能有视线障碍，以方便双向沟通。可以根据需要，适当调节会场光线，会议室门的位置应具有一定的隐蔽性，以减少外界的干扰。

（6）发表者要做好演讲准备

要在有限的时间内，清楚地陈述方案，发表者必须认真做好演讲准备。包括：

1）准备好讲解提纲。讲解提纲应该抓住重点，以论点、论据、论证的三段论方式扼要说明。最好能事先写好发言卡片（一个问题一张卡片），握于手中备用。

2）事前排练。即使是经验丰富的讲演者，排练也同样是重要的。可能的情况下，应请专家、朋友或同事先"试听"讲解，这是发表成功的秘诀之一。

3）注意语言的修炼。尽量不要使用抽象的、过于专业的语言或华丽的词语，要以朴实的语言引起听者的信赖。作结论时，要使用能引导听众作出决策的语言。

2. 发表的技巧

发表时不能照本宣科，而应用口语化的语言，简洁清晰、明快地进行表达。如同在与人聊天，抑、扬、顿、挫，恰如其分，每句话之间要有适当的停顿，对关键的问题作适当的提示。肢体语言也要进行适当的调整：表情，浅含微笑；视线，注意正前方，环视左右，在适当的时候视线可与关键人物对视，用目光征求意见，收集反馈；姿势，挺直胸膛，以站姿为好，但不要过多走动，以免给人不稳重的印象。是站是坐，最好视人数及会场布置状况而定，发表者的位置以与听者保持一定距离，但又不过于突出为标准，更不可将自己孤立于众。适当地运用手势，但不要把手交叉握在前面或放在背后。服饰要整洁，尤其是头发要梳洗好。概括地说，良好的语言、态度、姿势都是达到成功发表的要素。

3. 善于答辩

发表过程中，肯定要面对听众提问，只有做好准备，才能应付自如。事先对可能出现的提问要有所预测，对方案各个观点的形成及依据要适当地进行整理。尤其对承诺的可行性，更应找出令人信服的依据。对提问一定要听清楚，千万不要答非所问，若确实不清楚，则必须先问清楚再回答。回答要全面，不要敷衍了事。对于意见要及时做详尽记录，这样既可作为回答问题的自我提示，又可作为方案修改的依据。

4. 态度诚实、谦逊

方案的发表也是一个推介的过程。态度诚实、谦逊，可令听众感受到策划者和方案的诚信，而诚信则是现在经济交往中的基本要求。策划、咨询最忌讳的就是弄虚作假，无中生有。实事求是，坦诚、率真、平等地与听众进行交流，最终会使听众更好、更易接受方案。

总之，经过认真准备、精心策划的发表一定会为成功的策划锦上添花。

过程 6.3　公共关系活动的执行管理

6.3.1　公共关系活动场地的选择与确定

场地是公共关系活动的重要依托，几乎所有活动都是在一个三维空间内进行的。活动场地是在公关活动总体目标决定后首先要考虑的要素。场地管理实际是公关活动的环境管理，决定了对公众的吸引力，也直接影响活动的质量。场地的选择与确定应把握以下几方面：

(1) 首先要研究的是场地与活动的适应性。不同的活动，对场地有不同的要求。要研究场地与活动主题、内容是否适合，活动同周围环境是否相适应。

(2) 场地的特点。例如，该场地有没有历史背景、特殊的意义等。

(3) 场地是否有利于设计一个让公众可以亲身体验的生动活泼的氛围。

(4) 场地所在地的物流供应情况，活动所需设备安装的可行性。例如，大型活动一般对多媒体设施及一些硬件设备要求较高。

(5) 分析该场地交通的方便程度。例如，往返机场的距离、停车设施、步行的方便性等。

(6) 防火和预防突发事件发生的应急措施等。

与场地相关较大的因素则是气候条件，尤其是户外活动，一定要有气候条件作保证。因此，户外活动必须要以天气预报为依据进行安排。

活动场地考察与选择必须与策划同步进行，场地的因素可以决定活动的成败。大多数公共关系活动的策划者或管理者在没有调查场地的情况下是不敢贸然参加项目投标的。

6.3.2　公共关系活动的人员管理

人员管理的首要原则是安全性，因为管理不善将导致公关活动发生人员安全事故。

1. 预留足够的行动空间

在场地划分的时候，就应充分考虑到安全问题，预留足够的通道和行走空间，避免活动拥挤。

2. 设计合理、通畅的行走路线

尤其是在大型活动中，设计合理、通畅的行走路线极为重要。行走路线尽量以单向行走为佳，路线尽量不要重复和交叉，以避免人流双向冲突。

3. 标示明确的活动指引

应充分利用活动的印刷品，比如门票、说明书、海报等，展示活动场地的划分和行走路线。在活动现场，应该多设置指示牌，让人们清楚了解活动场所的行走方向。安置指示牌的地方应该是明显可见的。

4. 制定活动现场人员控制计划

每一项活动都应充分考虑场地的承受能力，设计额定人数。一旦活动现场人员骤然增多，就应该马上控制活动场地内人员的增长。例如"潮水式控制人流计划"，当进入某一活动场地的人数骤增并超过额定人数的时候，应立即将人流分组，分批、分时间段地让人员进入现场，这样能有效控制活动场地内的人员数量。必要的时候，活动场地内可以配置导游人员，指引参加活动的人员。

5. 人群疏散的管理

活动结束，人群疏散是公关活动人员管理的重点和难点。这时候人们集中撤离活动现场，即使再宽阔的通道，都会显得拥挤，因而更需要精心安排。一般的方法是尽量在活动场地四周迅速开放放射性的通道，让人们可以尽快离散。若场地条件不允许，活动指挥机构则应该分期分批让人们离场，以保安全。必要时，还应与公共交通部门联系，请公共交通车辆配合人们的返程。

6. 出席活动的嘉宾指引

出席活动的嘉宾一般是活动的核心人物，更需要活动指引。在实际活动中，如果因为嘉宾得不到有效的指引，轻则可能引起嘉宾的不满，重则可能打乱了活动原定的程序。比如，曾有一个活动，邀请了一位嘉宾，先检阅仪仗队，然后由仪仗队表演，再请这位嘉宾讲话。由于事前没有给这位嘉宾明确的活动指引，结果，嘉宾在检阅台检阅仪仗队的同时，顺手就掏出讲稿讲话，导致活动程序混乱。仪仗队的表演不得不中途停顿，等嘉宾的讲话结束后再进行表演，致使场面十分尴尬。因此，现场管理人员一定要清楚地告知出席活动的嘉宾其所扮演的角色。

6.3.3 公共关系活动工作项目的分解与管理

分解工作就是将整个项目工作按照可以控制和可以交付执行的原则进行不断分解，直至分解到可以充分控制项目进度、成本、质量的程度。合理的工作分解对项目成功至关重要，能够减轻管理上的负担。

很多公关项目是非常复杂和庞大的。例如，一个整合营销传播的项目，可能要耗时数个月，牵涉若干个城市，使用多种公关工具，提供多种公关活动的策划和执行服务。只有将任务分解，才可以清楚各项工作，以便于管理。

进行分解工作的工具叫做工作分解结构，就是把项目的工作按照一定的要求分解成特定的工作任务，或者特定的"工作包"。以文艺晚会的筹备工作为例，分析其工作分解结构。文艺晚会分解图，如图6-1所示。

场地	灯光、音响	会务	节目	后勤支援	设计
预订	供应商	邀请	演员	交通车	场景设计
安全管理	灯光	接待	舞台监督	停车场	气氛设计
保洁	音响	VIP	化妆	保安	花篮
供电	效果	签名	灯光、音效协调		红地毯
布置	置景	讲稿			

图 6-1　文艺晚会的工作分解图

分解工作应注意的问题如下：

（1）分解后的工作任务是可交付执行的工作任务或工作项目。对工作任务的描述应是清晰、易于理解的。例如，不能把某"工作包"笼统地称为前期筹备，这样不易掌握任务的内容。

（2）工作任务尽量与工作机构的职能部门设置相对应，如场地管理、会务管理、设计等。

（3）不要任意将工作分解至最低程度，过细的分解反而会造成不必要的混乱。

（4）工作任务应清晰定义其开始时间和结束时间。

6.3.4　公共关系活动的过程控制与管理

有了工作分解，接下来就是工作过程控制与管理。工作过程控制与管理的目的一样：都是为了更好地规划工作管理，以确保按时、保质、保量地完成工作。

1. 实施设计

公关活动实施操作的复杂程序绝不亚于一项工程的管理，或者说，它本身就是一项复杂的系统工程。纵观公关活动的一般性工作，从人员邀请到现场人员活动组织，从道具的准备、设施制作到场地布置，从拟定新闻稿到召开记者会，从器材的搬运到嘉宾的接待，从程序落实到保安工作，工作纷繁复杂。而且公共关系活动的实施操作还有其特殊性，一是时间高度集中，事件纵横交错，活动一展开，所有程序项目就一个接一个，没有人有停顿的机会，现场工作人员的工作往往像电视现场直播一样紧张，要在奔跑中工作，才能适应进度要求。二是公关活动带来的成功与失败的机会只有一次，不像生产管理，出了废品可以重做。面对如此严格的工作要求，在实施操作过程中，稍有疏忽，就可能酿成大错，必须要对整个操作过程的先后顺序、人力安排、物品管理和使用作出周密的安排。这就是实施操作设计。

操作设计必须要在活动正式实施前就完成，而且正式付诸实施前要经过再三审核论证，谨防万一。实施设计要把握好下面五个原则：

（1）各项工作要全面纳入计划管理，不要出现管理死角，真正保证每件事有责任人负责。

（2）各项工作要分门别类划分管理。

（3）作计划的时候，要全面衡量好时间进程与工作任务的协调。

（4）制定现场工作计划时，要注意平衡每个工作人员的任务负荷，要知道，处于极度忙碌或极度紧张状态下的人很难有冷静的头脑并进行有秩序的工作。同时，注意不要安排一个人同时负责两个工作项目，或一个人同时负责两个不同空间的工作，否则，肯定会顾此失彼。

（5）制定现场工作任务时，工作任务要安排到最小的单位为止。

2. 甘特图

甘特图又叫横道图，它是在第一次世界大战时期发明的，以亨利·L·甘特先生的名字命名（图6-2）。它基本上是一种线条图，横轴表示时间，纵轴表示要安排的活动，线条表示在整个期间内计划的和实际的活动完成情况。甘特图直观地表明任务计划在什么时候进行，以及实际进展与计划要求的对比。

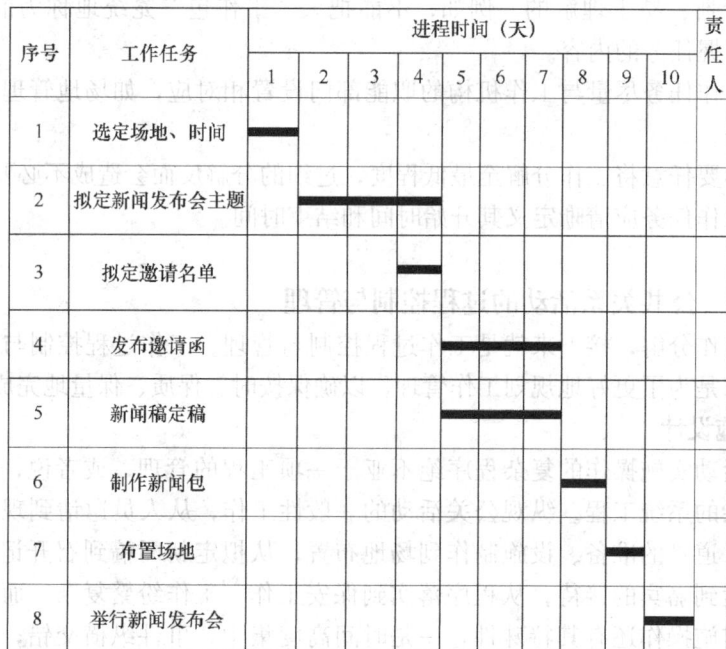

序号	工作任务	进程时间（天）										责任人
		1	2	3	4	5	6	7	8	9	10	
1	选定场地、时间	▬										
2	拟定新闻发布会主题		▬▬									
3	拟定邀请名单				▬							
4	发布邀请函					▬▬▬						
5	新闻稿定稿					▬▬						
6	制作新闻包								▬			
7	布置场地									▬		
8	举行新闻发布会										▬	

图6-2 甘特图

3. 关键路径法

公共关系活动管理必须能够分清工作任务的轻重缓急，有的工作任务必须按时完成，有的工作任务时间则可以有所浮动。关键路径法帮助我们找出工作任务的关键路径，以便更有效地进行管理工作。路径就是指一系列相互顺序关联的工作的运行路线。关键路径，就是指决定项目运行周期的路径。每个项目的工作程序都有一条关键路径。如果关键路径上的任何一项工作被延误，整个项目的完成日期就会被延误。因此，主要任务是关键路径上的任务。

在关键路径图上，箭线是工作任务，圆圈是工作任务的节点，粗箭线是关键路径，关键路径上的关键任务有着严格的顺序关联。

关键路径法例图，如图6-3所示。制作新闻包的任务必须在新闻稿准备完毕后才可以展开，布置场地必须要等落实场地后才可以开始。而没有在关键路径上的任务在时间和顺序上的宽容度就比较高。

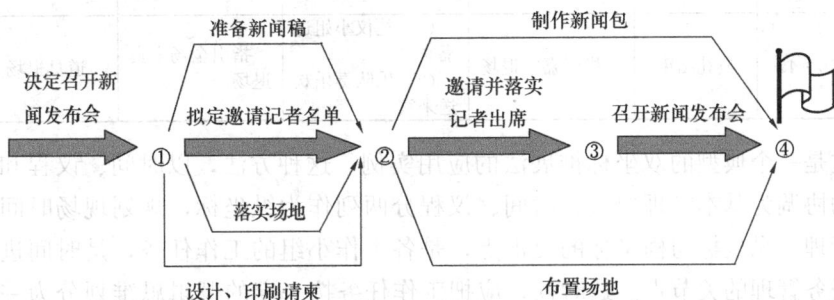

图6-3 关键路径法例图

4. 双坐标推展法

在公关活动的执行管理中，需要处理的问题纷繁复杂，但是万变不离其宗。无论是筹备工作还是现场工作，关键的问题是时间进程与工作任务的划分、协调、整合、统一，即在实施工作过程中如何去合理安排时间和工作任务的协调推进是核心问题。如何能够真正做到时间进程与工作任务的划分、协调、整合、统一，实践经验证明，双坐标推展法是一个科学的方法。双坐标推展法是以时间进程与活动程序两项元素作为纵坐标，以工作任务划分作为横坐标，根据时间要求和工作任务的进展，设计具体的工作划分计划。双坐标推展法最大的优点是以时间和程序两个元素决定工作分类计划，有利于工作的现场管理，有效管理事件发展的轻重缓急、先后顺序，使现场工作有条不紊。

（1）双坐标推展法的应用

下面以一个开幕典礼的案例来说明双坐标推展法的应用，见表6-1所列。

双坐标推展法表　　　　　　　　　　　　　　　　　　　　　表6-1

序号	时间进程	工作任务	工作任务执行分解			
			会务组	礼仪组	程序组	道具组
1	10：00	迎宾	（1）统计出席嘉宾名单 （2）分别接待嘉宾和来宾	（1）组织迎宾队伍 （2）乐队进入工作场地 （3）礼仪小姐进入工作岗位	（1）安排主持人进入岗位 （2）检查各演讲人出席状况及讲稿准备情况	（1）音响启动 （2）准备剪彩用具

续表

序号	时间进程	工作任务	工作任务执行分解			
			会务组	礼仪组	程序组	道具组
2	10：15	典礼开始仪程：介绍嘉宾	介绍名单交主持人	(1) 指挥礼仪小姐引领嘉宾 (2) 指挥乐队配合程序	(1) 指引主持人 (2) 跟进所有程序执行落实	
		嘉宾演讲	照应来宾现场的要求	分别引领嘉宾	提前提醒演讲嘉宾	跟进程序、配置道具
		剪彩	调动会场气氛	(1) 引领嘉宾 (2) 剪彩时奏乐	提前提醒剪彩嘉宾	剪彩道具的配合管理
3	10：45	典礼结束	指引嘉宾退场	(1) 礼仪小姐送嘉宾 (2) 乐队奏乐送来宾	指引全场来宾退场	道具退场

这是一个典型的双坐标推展法的应用实例。这种方法，以时间、议程和任务执行的协调为基本管理要素，时间、议程分两列作为纵坐标，规划现场时间与议程的管理。纵坐标与横坐标的交汇点，是各工作小组的工作任务，是时间进程与工作任务管理的关节点。这时候，应把工作任务按一定的逻辑思维划分为一个一个工作小组，作为横坐标，具体列出经过精心策划的现场执行的工作任务。

(2) 横坐标的编排技巧

1) 以时间和议程两项为主线，确定各小组在该时间和议程范畴内执行的具体工作任务。例如，在10：00时迎宾的议程区间内，各小组有各自的任务，这些任务组成了开幕典礼的整个工作系统。

2) 以专业因素作为分组标准。表中会务组、礼仪组、程序组、道具组就是按现场工作的专业划分的。

3) 从表格中可以看到，同一时间段内，每一小组的工作不能过于集中，应均衡分配力量。

4) 同一工作小组，工作空间不应过大，过大则难以执行工作。

5) 每一工作任务，都有前呼后应。"呼"是准备，"应"是具体执行。

应用双坐标推展法，对于活动现场管理十分有效，可以说使用了这一张计划表，能收到事半功倍的效果。要编制双坐标推展法的工作表，需要策划者熟悉各个工作任务的内在关系，具有全面组织工作的经验以及全面驾驭整个活动的能力。

【案例4】

万科·广州四季花园

一、项目背景

地理位置：广州四季花园项目位于广州与南海的交界处，毗邻广州西部金沙洲，西、北、南三面紧接南海，东与广州白云区罗冲围隔江相望。

规模：占地50万平方米，容积率1.0，总户数3900户。

产品定位：大型低密度社区，以多层、小高层中偏高档住宅为主，成熟后考虑部分高档住宅。

目标客户：以项目周边区域的原居民为主。

项目优势：依山傍水的自然条件。

项目劣势：距离城市较为偏远，在广州金沙洲大桥未开通以前，当地居民往返市区要靠轮渡，因而开发速度很慢。

二、开发商背景

开发商为广州市万科房地产有限公司，是万科企业股份有限公司的全资附属公司，2002年12月成立。

万科企业股份有限公司成立于1984年5月，以房地产为核心业务，是中国大陆首批公开上市的企业之一。至2003年12月31日止，公司总资产105.6亿元，净资产47.0亿元。截至2003年底，已进入深圳、上海、北京、天津、沈阳、成都、武汉、南京、长春、南昌、佛山、鞍山、大连、中山和广州15个城市进行住宅开发，是中国房地产业的领跑者。

三、规划设计、空间布局与物业功能组合

规划宗旨：迎合广州人的"喜山爱水"，以山水文化为主题进行规划，达到移步换景，山水相融的效果。

总规划原则：50万平方米的生态梦想——山水还原为山水。1.0的超低容积率，尽量保持原生态的山水资源，而改动房屋的摆放，使其更为合理，为居住者争取最大的优势。

空间布局：一心二带三片六区。

一心：为位于金沙洲大桥桥头两侧的现代化商贸金融中心和文化娱乐中心。

二带：沿江绿化带。

三片六区：利用北环高速公路、广佛公路及金沙洲大桥等有利条件，结合自然地形差异和道路骨架形态，划分六大区间。一类居住地主要集中在西北部，依山就势布置独立式或联排建筑；二类居住用地布置于东南部地势平坦地段，以多层建筑为主，适当分布高层。

物业功能组合：多层、小高层、情景洋房、Town house。

创新产品：情景洋房、八角形卧室、带阳光室、"五合一"功能房。

四、公建、商业配套

教育：由中山大学授权中山大学附属学校与万科签署四季花园学校的合作办学协议。由万科出资打造学校的所有硬件，由中大负责经营学校，中大不需交费用给万科，也可以对外招生，但花园业主可享受全园特惠的教育收费。

医疗：形式与教育相同。

交通：除市政公交外，在广州市内设置免费看楼车。

银行：为小区住户提供便捷的联名卡等服务。

会所：由自己的物业管理公司经营。

商业：先对名牌或大型商家招商，给予一定的优惠，树立商业形象，再对散户进行招租。早期以租赁形式为主，等社区成熟之后再出售。

五、物业管理内容

物业管理内容：所有业主共同关注的基本服务。如安全、供水、供电等。针对不同物业、不同业主的个性化需求提供针对性的服务。比如，针对老年人组建夕阳红俱乐部，以丰富老年住户的生活；同时还有足球俱乐部、集邮协会等，以吸引年轻住户和不同兴趣住户的参加。

除了一些基本服务，还对业主进行"个性化"服务。一是针对单个业主的单元物业所提供的一种特别管理。如为每户建立独立的房屋维修记录档案、独立中央空调保养维修记录等，根据不同的运行情况拟定检修计划。二是在常规性服务之外，能够针对业主特殊需要进行服务，以满足业主的不同需求。比如，为业主建立健康档案等。另一项提升客户服务的举措是与专业机构合作，引入 CRM 客户关系管理系统，组建客户服务中心，建立一条业主与物业管理之间的快速沟通渠道，关注每一位业主的需求。

物业管理服务费：

多层住宅（不带电梯）：0.9元/月·平方米。

小高层住宅（带电梯）：1.5元/月·平方米。

情景洋房（户户带花园或露台的住宅）：2.0元/月·平方米。

商住用房：3.0元/月·平方米。

六、开发策略及开发模式

采用分期开发的模式，总占地50万平方米，共分七期，小容量、快速滚动（每半年推出新一期）；首期2004年4月推出，占地9万平方米，规划624户；公交车站、学校、大型商业广场、医疗、银行、邮政、会所、娱乐配套、餐厅全部齐全（部分在建，但承诺2005年3月首批业主入住时可使用）。

采用配套先行，低价位产品率先推出，区域成熟后最后推出高端产品的开发策略。

七、营销推广策略及其执行效果

（1）营销推广策略

第一步：形象推广。

2003年10月，万科以"您好，广州"作为主题，以户外广告牌、公关活动、互联网等传播手段正式开始了万科品牌在广州地区的全面推广。

2004年月8日，万科设在华南区四个城市——中山、广州、深圳、东莞的分公司聚集广州，宣告"华南万客会正式成立并全面启动"。

2004年3月10日，"万科集团2003年业绩发布会暨战略说明会"在广州东方宾馆举行，向广州媒体展示了其雄厚的实力与进军广州的信心。

以亲和、服务客户、雄厚实力展示为主诉求，迅速提升当地消费者的认知。

第二步：项目预热。

在地铁二号线开出"美丽体验站"、在各大写字楼作项目巡展。

邀请准业主与"万客会"会员参观深圳的万科项目。

举办"万科四季花城之夜"——阿根廷经典探戈专场活动。

与中大合作的学校项目签约仪式及记者发布会。

针对潜在目标客户的生活习惯与工作场所，有目的地进行推广宣传活动。

第三步：开售。

体验式开放——加深对项目区位的认知，获得消费者对环境的认可。

产品说明会——让消费者了解什么叫做"好产品自己会说话"。

正式开盘。

（2）销售成果

两天销售385套。

八、项目的可借鉴经验

操作城市边缘大盘的可借鉴经验：

（1）解决交通便捷的问题。

（2）充分发挥地块优势，弥补其区域上的劣势。

（3）配套先行，是城市边缘开发的必备条件（在永久的配套设施尚未完善之前，可先引入流动的商业作为补充）。

（4）小容量、低价位产品先行开发，旨在迅速打响第一炮，实现资金快速回笼（首期总建一般控制在10万平方米左右）。

【任务拓展】

（1）在房地产公共关系活动策划中如何界定公共关系问题？

（2）如何选择房地产公共关系活动的目标公众？

（3）简述房地产公共关系活动的运作及实施。

（4）房地产公共关系活动策划文案的撰写要点是什么？

（5）怎样编写房地产公共关系活动费用预算？

（6）如何恰当使用有效的管理工具对房地产公共关系活动进行管理？

任务 **7**

房地产市场开拓与销售

【任务目标】

(1) 熟悉房地产企业在不同市场、不同时间、不同地点可采用的不同定价策略。

(2) 正确运用品牌策略，可以提高楼盘的知名度和房地产企业形象。

(3) 了解包装策略中包装成本、包装形式、颜色、文字、图案等在房地产营销中的运用。

(4) 能够对消费者进行房地产直接推销和间接推销。

(5) 能够做好房地产项目文件准备和现场准备工作。

(6) 熟悉房地产销售的业务流程。

【任务背景】

小评在公司营销部工作，业务主管安排他推销房地产。在向公司同事请教后，小评了解到，进行房地产销售的基本方法是：熟悉房地产销售的业务流程，讲究推销的策略和技巧，有效地根据消费者的不同需求，灵活地将企业情况、推销楼盘的基本情况、房地产市场情况等内容作出针对性的解释和说明，促成交易。

过程 7.1 房地产推销策略和技巧

在市场经济条件下，房地产企业的生存和发展，都需要深入地研究市场，不断地开拓市场，并且越来越注重运用公共关系的方法和技巧进行市场营销。房地产企业只有提供满足消费者需要的房地产产品和服务并令消费者满意，才能实现获取利润的目标。

一名房地产推销人员要成功地进行楼盘推销，开拓市场，不只是简单地作广告，而是要具有公共关系意识，尊重消费者，密切同消费者的联系和感情，实事求是，对公众负责；还要讲究推销的策略和技巧，有效地根据消费者的不同需求，灵活地对企业情况、推销楼盘的基本情况、房地产市场情况等内容作出有针对性的解释和说明，促成交易。

7.1.1 常用的推销策略

1. 定价策略

产品价格关系到企业的盈利水平和经济效益，影响着产品的市场供应量和消费者的购买行为。同时，价格还是一种重要的竞争手段，适当的价格能够提高商品的竞争能力和市场占有率。定价策略是组织根据市场具体情况，制定或调整价格的技巧。

（1）新产品价格策略

新产品上市时，定价的自由度较大。通常可采用以下三种定价方式：

1）取脂定价。这是一种高价格策略，如同从牛奶中提取奶油一样，一开始就把精华部分取走，所以叫做取脂定价。电视机、计算机等产品最初的经营者采取的都是这种价格策略。高价格维持一段时间后，随着竞争者的加入，商品供应量的增加和企业效益的提高，再把价格降下来。价格定得高一些，能尽快收回投资，获取较高利润。但价格过高不利于开拓市场，一旦价格下调则有可能使产品及组织的声誉受到影响。另外，高价格、高利润还会迅速吸引竞争者的涌入。所以，这是一种短期价格策略。

2）渗透定价。这是一种低价格策略，以产品能像水流渗透土壤一样挤入市场、吸引顾客而得名。价格定得低于竞争对手，易于被消费者接受，有利于迅速打开市场，并可以限制其他竞争者的加入。价格定得低一些，虽然开始时利润较低，但从长远来看，只要取得立足之地，就有可能在竞争中逐步扩大市场份额，提高利润水平。采用低价格策略投资回收慢，如果产品不能打开市场或遇到强大的竞争对手，则会出现亏损。此外，它还不利于产品品牌和组织形象的树立。

3）满意定价。这是一种介于高价与低价之间的定价策略。它吸取取脂定价与渗透定价的优点，采取适中的价格，既保证企业获得一定的初期利润，又能为广大顾客所接受，是一种普遍采用、简便稳妥的定价方式。

（2）心理定价策略

一般来说，不同消费者的购买心理是不完全相同的。但在某些情况下，多数顾客或某一顾客群体会产生相近的购买心理特征。利用顾客心理来制定或调整价格的策略叫做心理定价策略。常见的心理定价策略有以下三种：

1）尾数标价。就是给商品一个零头数结尾的价格，如 3.95 元、59.10 元等。价格尾数的微小差别，在商品推销中的效果是非常明显的。它容易使消费者产生价格便宜、经过了精确计算的感觉，由此对销售者产生信任，从而刺激消费。这种标价适用于一般日用消费品。

2）整数标价。与尾数标价相反，整数标价是把基本价格略作调整，凑成一个整数。对一些高档商品，顾客往往以价格衡量其质量，偏重其象征性价值，即将所用商品的价格作为自己身份和地位的象征。标价时把价格凑成整数，容易吸引某些高收入的消费者。

3）单价标价。就是标出商品的最小单位价格，如卖纸杯时标明每个 0.15 元，而不标明每袋 3 元（每袋 20 个装）。尽管二者的价格相同，但消费者却会感到后者的价格昂贵。它利用的是消费者廉价消费的心理。

（3）差别定价策略

这是指同一种消费品以两种或两种以上的价格出售的策略，又称做价格歧视。这里的价格差异并不反映成本与费用的变化，而是由于需求中的某种差异造成的。实行差别定价策略要注意，应保证以低价购买商品的顾客没有可能以高价转手倒卖，商品差价不会引起顾客的反感而放弃购买。差别定价主要有以下几种形式：

1）对不同消费者定以不同价格。例如，同一种商品对一般顾客按全价销售，而对属于消费俱乐部成员的长期顾客给予优惠价。

2）对不同款式定以不同价格。通常多数消费者喜欢的款式定价较高，当年流行的款式、颜色定价较高。

3）对不同场所、位置定以不同价格。如飞机、轮船的不同舱位，演出、比赛场地的不同座位，其价格都可以有所不同。

4）对不同时间的产品或服务定以不同价格。如能降温的商品夏季比冬季的价格高，电话费白天比夜晚高，而电影票恰好相反。

2. 品牌策略

品牌是生产或销售者为自己的产品所确定的商品名称。它由文字、标记、符号、图案或它们的组合表示，用以代表某一组织的产品或服务有别于其他竞争者。国外有人做过一个试验，把不同品牌的啤酒分别倒在几个同样的杯子里，请各品牌的忠实爱好者——品尝，结果他们很少能准确地鉴别出他们所喜爱的品牌。这说明品牌具有一种心理上的作用，人们是靠商标来辨别商品的。正因如此，创立并发展名牌，使之驰名世界，是现代企业家孜孜以求的目标。

品牌不仅是商品的组成部分，而且是一种有效的竞争手段。正确地运用品牌策略，可以宣传产品和企业形象，确定产品市场地位，保护顾客和企业利益。从消费者角度来看，品牌可以方便识别、保护利益、象征档次等。

（1）不用品牌

使用品牌固然可以为企业带来许多好处，但宣传品牌要花费一定的费用，会加重企业自身和消费者的负担。国外许多中小企业就是将自己的全部或一部分产品卖给中间商，由中间商使用某一品牌组织销售。这样可保证生产者更有效地使用其劳动力、技术等资源，加速货币周转，减少推销费用及成本，也有利于销售网点较少、竞争实力较弱的企业开拓市场。但生产者对中间商的依赖性较强，在产品价格方面往往受其控制。

（2）借用品牌

生产者可以用自己的品牌，也可以用他人的品牌。借用品牌可以节省商标宣传注册费用，利用他人品牌的知名度促进本组织产品的销售。目前国内许多合资企业和联营企业就采用了这种策略。

（3）家族品牌

一个组织生产经营不同的产品，既可以全部采用一种品牌，也可以分别设计不同的品牌。采用同一品牌可以利用原有品牌的知名度来推销新产品，可以节省大量的广告费用，各种不同产品的销售能够共同扩大品牌的影响，但也有可能因某一种产品的失败，使整个品牌蒙受巨大的损失。分别设计不同的品牌可以避免产品之间相互干扰，但品牌设计、商标注册、广告宣传方面的费用较大。

3. 包装策略

包装有包装器材和包装方法两层含义，前者是指产品的外部包扎和容器，后者是指对产品进行包装的操作过程。包装是产品实体的一个重要组成部分。随着人们消费水平的提高，包装已不只是为产品运输、储存提供方便条件，而且具有美化产品、提升产品档次和促进销售、增加利润的作用。

（1）类似包装

指一个组织的各种产品都采用大致相同的包装，如相似的形状结构、图案色彩等。采用类似包装可以节省包装设计、宣传的费用，促进各类产品的销售，扩大企业产品的影响。但它只适用于质量水平相当的产品，若产品质量相差悬殊，则要在包装上有所变化。

（2）组合包装

指将若干有某种关联的物品包装在一起。如把各种餐具装在同一包装盒内。组合包装能够使消费者便于携带和存放，还能够扩大产品的销售量。

（3）多用包装

是指包装容器内原有的商品用完之后，空的容器还具有其他用途。如造型美观的酒瓶腾空后可作花瓶用。多用包装的优点是，消费者买一种商品可以有两种以上的用途，从而增强产品的吸引力，还能起到广告宣传的作用。

运用包装策略要全面考虑包装成本、包装形式、颜色、文字、图案以及消费者的心理特点、民族习惯、传统观念等因素。

7.1.2 推销技巧

推销工作不只是体力劳动，同时也是脑力劳动。要成为一个优秀的推销员，除了热情、干劲外，还要讲究推销技巧。

1. 直接推销

指推销者把产品交给顾客，允许他们先看后买或先使用后付款，让顾客根据自己的检验结果或使用感受决定消费取向。这种方式是建立在组织与消费者相互信任的基础上的，对消费者有较强的吸引力。直接推销的关键，在于产品要有优良的质量和独特的功能，使顾客心甘情愿地购买商品，进行消费。

台湾有家生产螺栓的企业，其产品质量一流，但价格较高。该厂一位推销员凭借自己的推销技巧，很快把产品打入市场。他每到一个新的用户那里，总是请求对方把自己厂的产品和用户正在使用的螺栓，同时放入一个盐水盆里浸泡一会儿，然后取出，晾在一边，并向用户说明下周来看结果。他再次来时，同用户一起对两种螺栓进行比较，结果是，他推销的螺栓光洁如新，而其他产品则锈迹斑斑。自然，他的产品被用户接受了下来。

2. 间接推销

间接推销是利用消费者心理来达到推销目的的。间接推销技巧有很多，主要介绍以下几种。

（1）借名促销

在推销过程中，利用名人效应、名店出售、专家评价、优质认定等具有权威性的因素证明产品，可以达到事半功倍的效果。运用这种手段，要保证产品的质量，如果产品质量不好，即使"借名"也难以达到推销的目的，反而有可能给名人、专家惹上麻烦。有时，也许开始一段时期销售量很大，但终究不会长久。

派克金笔是世界上知名的产品，它在开始推销时就利用了"名人效应"，将自己的产品无偿地提供给白宫官员使用，签发各种文件，使消费者对产品产生了信任和好感，以此创出了名牌。

（2）赠送销售

这是指通过赠送商品来促进销售的一种方法。如买房赠厨具、汽车，买大包商品赠同种小包商品，购买一定金额的商品赠送其他商品或购物券等。顾客往往把这种活动看做是企业推出新产品或打开销路的必要的"广告投资"，因此销售量会有较大的增加。

（3）赠送样品

即向消费者赠送样品或请消费者免费试用样品，这是新产品打开市场的有效方式。样品可以在商店或闹市散发，也可以上门赠送。如一些洗发、沐浴用品上市时，就采用赠送小包装样品的方法，很快得到了消费者的认同，从而占据了市场。但这种促销方式通常费用较高。

（4）从众推销

从众心理是人类常见的心理状态。人们往往相信大多数人的选择是正确的，随大流不会吃亏，所以只要看到许多人在争相购买某种商品，就不管自己是否需要，也会产生购买欲望并付诸行动。利用这种从众心理推销产品，有时效果很好。当一位顾客为买不买而犹豫不定时，可以适时引例旁证，如告知该顾客这种产品一上午就卖了多少，以消除他的疑惑，达到推销的目的。

（5）暗示推销

这是指推销人员通过语言、表情、行为等方式影响消费者的心理活动，使消费者接受有关的信息和观念，从而促成商品销售的方法。如某商场张贴特价优惠的广告，直接暗示这个商场的部分商品价格较低。有时候，消费者询问价格是否可以便宜些，营业员可以反问："是现金支付还是支票支付？"这就暗示用现金支付价格从优。

推销的技巧还有很多，如制造"紧俏"、竞赛、游戏、摸奖等。这些推销技巧的运用，迎合了消费者的心理，满足了消费者的需求，故而能赢得顾客和市场。

过程 7.2　房地产销售的业务流程

在对房地产市场进行了调研、目标市场定位，确定了价格策略和推广方案后，紧接着就进入了实战阶段，即房地产销售阶段。房地产销售是营销方案和价值实现的最终环节。通过销售，房地产开发商才能实现资金回收和利润目标。房地产销售阶段一般分为销售准备阶段和销售实施阶段。

通常房地产销售有住宅销售、写字楼销售、商业物业销售等多种形式，其中住宅项目销售在房地产销售量中所占比重较大，在此主要以住宅项目的销售为例进行介绍。

7.2.1　房地产销售准备

房地产销售准备主要包括文件准备、人员准备和现场准备。

1. 文件准备

（1）房地产项目销售审批资料准备

国家按照未竣工项目和竣工项目的销售审批分别规定了不同的法律条件。

1）未竣工房地产项目的销售审批。未竣工的房地产项目进入市场销售需要符合预售条件，才能准许销售。一般来讲，商品房预售条件及商品房预售许可证明的办理程序，按照《城市房地产开发经营管理条例》和《城市商品房预售管理办法》的有关规定执行。目前，全国各地对项目预售的规定也有所不同。

2）竣工的房地产项目销售审批。按原建设部颁布的《商品房预售管理办法》规定，已竣工的商品房项目进入市场销售需要符合下列条件：①现售商品房的房地产开发企业应当具有企业法人营业执照和房地产开发企业资格；②取得土地使用权证书或者使用土地的批准文件；③持有建设工程规划许可证和施工许可证；④已通过竣工验收；⑤拆迁安置工作已落实；⑥供水、供电、供热、燃气、通信等配套基础设施具备交付使用条件，其他配套基础设施和公共设施具备交付使用条件或者已确定施工进度和交付日期；⑦物业管理方案已经落实。

符合法律规定可以进入市场销售的项目，开发商可以委托房地产销售代理公司进行销售，销售代理公司必须具有允许其承担该业务的合法资格，并与委托方签署正式房地产委托销售合同。

（2）房地产销售资料的准备

销售资料的准备一般包括法律文件、宣传资料和销售文件的准备。

1）法律文件的准备。①建设工程规划许可证和验收合格证。根据相关法律规定，在城市规划区新建、扩建、改建建筑工程和市政工程应向市规划主管部门或派出机构领取《建设工程规划许可证》方可办理开工手续。《建设工程规划许可证》的附图和附件是该证的配套文件，具有同等法律效力。取得《建设工程规划许可证》后如超过一年未开工的，《建设工程规划许可证》自行失效。建设工程竣工后，建设单位或个人持建筑工程竣工测绘报告向原审批部门申请规划验收，未经验收或验收不合格者，不予发放《规划验收合格证》，不予房地产产权登记，不得投入使用。②土地使用权出让合同。土地使用权出让合同，由土地管理部门与土地使用者签订，土地使用者在与土地管理部门签订或者变更土地使用权出让合同时，必须向土地管理部门缴纳土地开发费与市政配套设施费。③预售许可证。符合规定预售条件的，经主管机关核准后，发给《房地产预售许可证》。④房地产买卖合同。当地规划国土房地产主管部门制定的标准合同文本。

2）宣传资料的准备。一般来说，房地产销售的宣传资料可采用形象楼书、功能楼书、折页、置业锦囊、宣传单张等形式。楼书是向消费者介绍楼盘产品特性的书面资料，它包括楼盘的地理位置、周边环境、配套设施、小区配套户型资料、交房标准、物业管理等信息。一般楼书的具体内容有位置图、总体规划、楼体形象、代表户型图、会所、物业管理介绍。

在项目确定市场定位及形象定位后，形象楼书的风格、色调也同步基本确定。在形象楼书中一般要用较抽象的手法将项目的品牌、档次、给目标客户的生活和工作（写字楼）带来什么影响、对未来生活的憧憬和事业的发展（写字楼）等表现出来，在展现项目卖点的过程中多采用图片及较易使人产生联想的语言来表述。如房地产项目"阳光四季"在形象楼书中除用大幅图片表达项目的品牌、较高的档次、未来生活外，主题语为"阳光有多好，你就有多好"；又如"风和日丽"，用小主人公在大片绿地上沐浴阳光和放风等，表现一种和谐的生活，而主题语为"和谐的民风，亮丽的日子"等。

形象楼书应该给人较多回味及想象的空间，将项目与自己未来美好的生活联系在一起。

功能楼书一般来说是对房地产项目各方面较全面的说明，可以理解为一本简单的"产品说明书"。它将楼盘的开发商、整体规划、交通、建筑特色、内部规划、各层功能分区、各种户型介绍等展现在客户面前，让客户看后对楼盘整体素质有一个较全面的了解。其内容可包括：房地产开发商实力背景、建筑总体设计及总体规划资料、楼盘地理位置及地段总体规划、社区内环境介绍、物业管理及服务介绍、楼盘品质及交房标准介绍及各种户型介绍等。

折页主要是形象楼书和功能楼书的一种简要版本和补充。在折页上，外表用来表现形象包装的内容，而里页配以各种户型或楼盘的介绍。其他方面内容的介绍也可以采用插页夹在其中。

置业锦囊则主要侧重于生活配套及目标客户关注问题的说明，有时可起到以小见大的作用。

宣传单张一般用于大量派送，如展销会、夹报或街头派送等。

制作宣传资料应注意以下原则：①卖点突出，即楼盘主打卖点应提前表现。

②内容充实，有销售力，站在买家角度，更具吸引力。③制作楼书要考虑项目针对不同的消费群体和阅读习惯。④符合项目市场定位，楼书的制作和项目本身联系紧密。⑤文案配合，切合主题，有渲染力，切忌平淡。⑥美案设计，要有贯穿楼盘主要特质、形象定位的主色调或主标识物。⑦标题设计，选取最能表征或接近楼盘特色的图片，并配以文字说明。⑧户型平面图、墙线、标准层平面要注意对称和平衡等问题。

在进行资料准备时，上述资料不一定每一种形式都具备，一般要根据项目具体规模、档次、目标客户群等来选择某一种或多种组合使用，使其既能达到宣传房地产项目的效果，又能控制成本。常见的组合方案有：①功能楼书＋形象楼书＋单页；②形象楼书＋锦囊＋折页；③形象楼书＋功能楼书；④功能楼书＋锦囊＋单页等。

3）销售文件准备。房地产项目在推向市场时，不同的面积单位、楼层、朝向，总价格都不相同。应事先制定出完善的客户置业计划，这样可以明确地告诉置业者不同付款方式和总金额。如某房地产项目的客户置业计划包括：制定一次性付款折扣比例、按揭付款几成、月还款计划等。

在房地产销售过程中，当置业者初步选中了房源，需交纳一定数量的定金来确定其对该房号的认购权，但此时还没有签订正式房地产买卖合同，这样就需要签订认购合同来保障置业者和房地产开发商双方的合法权利。

房地产属于大宗消费品，购买过程复杂，为明晰置业者的购买程序，方便销售，事前应制定书面的购楼须知。购楼须知内容包括物业介绍、可购买对象、认购程序等。

此外，价格策略制定完成后要制作价目表，价目表可以按每套房的单价，也可以按每套房的总价或单价和总价同时编制。其他应准备的文件可根据项目自身来确定，如办理按揭指引、缴纳税费一览表、办理入住指引等相关文件。

2. 人员准备

(1) 确定营销人员

营销人员数可以根据以下因素确定：

1）项目销售量。根据人均可能实现的销售额去除总开发量得到人员数。

2）硬件的数量。主要根据电话数、洽谈桌数、看楼通道等来确定。

3）开盘时间及广告投放。开盘高峰期、展销会及大量广告投放后人员应作动态调整。

选择营销人员时，应注重他们的素质。首先要有良好的个人形象，其次还要有基本的专业素质和沟通能力，能为客户提供专业及优质服务。根据不同的房地产项目，选择熟悉该地区、该类客户、该房地产类型的营销人员，为房地产销售打下良好的人员基础。

(2) 确定培训内容

为实现销售目标，在正式上岗前有必要对房地产营销人员进行培训。同时，在销售过程中也要不断结合销售中出现的新问题进行后续培训。对销售人员的培训一般有以下内容：

1）公司背景和目标。①公司背景、公众形象、公司目标（项目推广目标及公司发展目标）。②销售人员的行为准则、内部分工、工作流程、个人收入目标。

2）物业详情。①项目规模、定位、设施、买卖条件。②物业周边环境、公共设施、交通条件。③该区域的城市发展计划，宏观及微观经济因素对物业的影响情况。④项目特征。项目规划设计内容，如景观、立面、建筑组团、容积率等；平面设计内容，包括总户数、总建筑面积、总单元数、单套面积、户内面积组合以及户型优缺点、进深、面宽、层高等；项目优势、劣势分析及对策。⑤竞争对手优势、劣势分析及对策。

3）销售技巧。售楼过程中的洽谈技巧，包括如何用提问了解客户需求及购买心理。如通过了解客户的需求、经济状况、期望等来掌握买家的心理，恰当使用电话，运用好推销技巧、语言技巧、身体语言技巧等。

4）签订买卖合同的程序。①售楼处签约程序。②办理按揭及计算。③入住程序及费用。④合同说明及其他法律文件。⑤所需填写的各类表格。

5）物业管理。①物业管理服务内容、收费标准。②管理规则。③公共契约。

6）其他内容。其他培训还应包括房地产营销人员的礼仪、建筑学基本常识、财务相关制度等。

培训方式可采用课程培训和销售模拟。课程培训即讲解、传授，内容包括国家及地区相关房地产业的政策法规、税费规定；房地产基础术语、建筑常识、识图、计算户型面积；心理学基础；银行的按揭知识，涉及房地产交易的费用；国家、地区的宏观经济政策、当地的房地产走势；公司制度和财务制度等。销售模拟是以一个实际楼盘为例进行实习，运用全部所学方法技巧完成一个交易；利用项目营销接待中心、样板房模拟销售过程；及时讲评、总结，必要时再次实习模拟。也可以实地参观其他展销现场。

3. 现场准备

房地产销售现场的准备是销售前准备工作最为重要的一环。一般来说，现场工作包括售楼处（模型）、看楼通道、样板房、形象墙、户外广告牌、灯箱、大型广告牌、导示牌、彩旗、示范环境、施工环境等。

（1）售楼处

售楼处又称销售中心，主要是向客户介绍楼盘和展示楼盘形象的场所，同时又是客户作出购买决定并办理相关手续的场所。因此，其地点的选择和装修设计风格都要精心安排。

1）售楼处的位置选择注意事项。①最好迎着主干道（或主要人流）方向。②设在人车都能方便到达、且有一定数量停车位的位置。③设在能方便到达样板房的位置。④设在与施工场地容易隔离、现场安全性较高的位置。⑤设在环境和视线较好的位置。

2）售楼处的设计布置注意事项。①功能分区要明确。一般设有门前广场、停车场、接待区、洽谈区、展示区、放像区、办公区、客户休息室、儿童游戏区、卫生间、储藏室、更衣室等。②进入销售中心前要有明确的导示。如彩旗、指示牌灯等。③入口广场上要有渲染气氛的彩旗、花篮、气球、绿化等。在空间允许的情况下，还可以布置水体、假山石、花架、休闲桌椅等。④销售中心的内外空间要尽可能通透。⑤接待区要布置在离入口处较近、且方便业务员看到来往客户的位置。⑥在接待区要通过背景板营造视觉焦点。背景板可以展示楼盘的情况介绍、名称，也可以用图片展示一种氛围；接待区的灯光要经特别处理，做到整体和局部的完美结合。⑦室内灯光要明亮，重点的地方要有灯光配合作为强调，如展板、灯箱、背景板等。⑧要配合楼盘性质营造氛围。如普通住宅的温馨、高档住宅的高贵豪华、写字楼的庄重等。⑨主卖点要有明确的展示。如展板、图片及实体等。⑩展示区要与洽谈区相邻或融为一体。⑪内部空间要尽可能通透，其净高度一般不得低于 3.6m，如果整体空间的尺度较小，或有特殊要求时，高度可另外考虑。⑫在必要的地方布置小饰品和绿植。⑬接待台的尺寸一般长不小于 3m，宽为 65～75cm，高度在 68～75cm 之间。⑭洽谈桌的宽或直径一般为 80cm。

（2）看楼通道

看楼通道是连接售楼处和样板房（或现场实景单位）之间的交通通道。看楼通道应注意以下几点：

1）看楼通道的选择以保证线路尽可能短和安全通畅为原则。

2）要保证通道的采光或照明充足。

3）最好要有利于施工组织，尽可能不要形成地盘分割。

4）对于有转折的地方或不符合人的行为功能的地方应有提示。如高低不平等地方。

5）在通道较长的条件下，景观要丰富而不单调。

（3）样板房

房地产项目在预售时，由于置业者在产生购买行为时看不到完整的房屋状况，因此，需要提供样板房。样板房的制作主要是让客户对所要购买的物业有一个直观的感觉和印象。样板房装修布置应表现真实，同时在具体选择和装修上要注意以下问题。

1）样板房选择应注意的问题。①选择主力户型、主推户型。②设在朝向、视野和环境较好的位置。③设在可方便地由售楼处到达的位置。④多层楼花尽可能设在一楼或低楼层。⑤高层现楼一般设在较高楼层。⑥高层楼花一般布置在 4～6 层；如果小区环境已做好，也可以利用临时电梯作垂直交通工具，布置在尽可能高的楼层。

2）样板房装修应注意的问题。①装修应充分展示户型空间的优势。②要有统一的标识系统（如门前户型说明、所送家具电器的标识）。③针对空间的使用，要对客户进行引导（特别是难点户型和大面积户型）。④装修风格和档次要符合项目定位和目标客户定位。⑤色彩明快温馨。⑥家具的整体风格要协调一致，不可零乱。⑦做工要精细。⑧光线要充足。

对于周边有安全网的样板房，其窗、阳台与围板间保留约 30cm 的间隔，用以绿化。

样板房门前要设置鞋架或发放鞋套，最好可以让客户直接进入。

在样板房入口的上两层阳台等处应设挡板，以防施工掉物，以免给客户造成不够安全的印象。

(4) 形象墙、围墙

1) 形象墙、围墙一般主要是设在分隔施工场地、保证客户看楼的安全和视线整洁的地方。一般可用普通的砖墙，也可以用围板。

2) 在客户视线可及的地方，墙上要进行美化和装饰，可以上裱喷绘，也可用色彩直接上绘。

3) 墙上的内容可以仅仅是楼盘的情况介绍和售楼电话，也可以根据墙所在的位置通过组合灯箱、广告牌来昭示和展示楼盘的形象和卖点。

4) 墙饰的风格和色彩应与整体推广相统一，具有可识别性。

(5) 模型

模型主要是在无法完整直观地看到楼盘实际效果时，用来告之客户竣工后楼盘的完整形象的。同时，也便于业务员在给客户讲解时指明具体户型的位置、方向。模型一般包括：社区整体规划模型、分户模型、局部模型、环境模型和区域模型。

整体规划模型用于表现项目的具体位置、周边的景观、配套和小区布局以及中心庭院等，整体楼盘模型的常规比例为1：150。

分户模型主要用在实体样板房和交楼标准不能展示全部户型时，便于客户了解户型的实际布局和户内空间大小尺寸，常规比例为1：25。

局部模型主要用于楼盘现场及其他模型不能充分表现的局部。可以是建筑的阳台、建筑的空中花园、建筑的屋顶或屋顶会所，也可以是建筑的一段外墙、建筑内墙、小区或户外的环境局部、会所的局部等。这些往往是楼盘的主卖点或主要展示的地方，比例可以根据实际需要确定。

环境模型主要是在楼盘的环境面积较大或特色明显但通过现场无法展示的情况下采用的。

区域模型主要是在楼盘所在区域（主要为规划或建设中）实际能被看到的现状相对零乱时采用的。

(6) 广告牌、灯箱、导示牌、彩旗

当项目位置处于非主干道，或是销售中心位置不便被发现时，广告牌、灯箱、导示牌、彩旗的作用就十分明显了。它们不仅可以将项目的重要信息（如位置、咨询电话等）在更广阔的地域向外发布，更重要的是它们可以将客户从主干道或是其熟悉的地方引导至项目现场，同时又对项目现场气氛起到一种烘托作用。

7.2.2 房地产销售的业务流程

1. 寻找客户

(1) 客户的来源渠道

要想把房子销售出去，首先要寻找到有效的客户。客户的来源有许多渠道，如咨询电话、房地产展会、现场接待、促销活动、上门拜访、朋友介绍等。

大多数客户是通过开发商在报纸、电视等媒体上作的广告得知项目后，打来电话咨询；或是在房展会上、促销活动中得到项目的资料，如果感觉符合自己的要求，则会抽出时间亲自到项目现场售楼处参观；或是通过朋友介绍而来的。

一般而言，打来电话的客户只是想对项目有一个初步的了解，如果感兴趣，才会来现场参观；而通过朋友介绍来的客户，则是对项目已经有了较多的了解，并基本符合自己的要求，购房意向性较强。

（2）接听热线电话

1）基本规范。①接听电话应态度和蔼，语音亲切。一般先主动问候："XX 花园或公寓，您好！"而后再开始交谈。②通常，客户在电话中会问及价格、地点、面积、格局、进度、按揭等方面的问题，销售人员应扬长避短，在回答中将产品的卖点巧妙地融入。③在与客户交谈中，设法取得想要的资讯：第一要件，客户的姓名、地址、联系电话等个人背景情况的资讯；第二要件，客户能够接受的价格、面积、格局等对产品的具体要求的资讯。其中，与客户联系方式的确定最为重要。④最好的做法是，直接约请客户来现场看房。⑤挂电话之前应报出业务员自己的姓名（有可能的话可给客户留下业务员自己的联系电话，以便客户随时咨询），并再次表达希望客户来售楼处看房的愿望。⑥马上将所得资讯记录在客户来电表上。

2）注意事项。①接听电话时，要注意按公司的要求做（销售人员上岗前，公司要进行培训，统一要求）。②广告发布前，应事先了解广告内容，仔细研究如何应对客户可能会涉及的问题。③广告发布当天，来电较多，因此接听电话应以2～3分钟为限，不宜过长。④接听电话时，尽量由被动回答转为主动介绍、主动询问。⑤约请客户应明确具体时间和地点，并且告诉他，你将专程等候。⑥应将客户来电信息及时整理归纳，与现场经理、广告制作人员充分沟通交流。⑦切记，接听电话的目的就是促使客户来售楼处，以便与其作更深一步的面谈和介绍。

（3）参加房展会

由于房展会项目集中，所以，很多客户无暇顾及每一个项目，这就要求每一位参展的销售人员做到热情主动，给客户留下一个良好的印象。对于每一位来展位咨询的客户，销售人员应做到认真对待，对某些有购房意向的客户，可请其留下联络办法，以便今后联系。购房意向特别强的客户，销售员可以邀请其回售楼处参观样板房，并作进一步洽谈。

（4）朋友或客户介绍来的客户的洽谈

由于此类客户都对项目有一些或多或少的了解，又经过他所信任的人介绍，因此，相对于其他客户，这部分客户较容易洽谈成功。在带其参观样板间的过程中，把其朋友认为好的优点作重点突出的介绍，会收到事半功倍的效果。此类客户较为敏感的是价格及折扣问题，销售人员应从实际情况出发区别对待处理。无法解决时，可由销售主管协助洽谈。

（5）作直销（DS）

直销作为一种销售手段，在几年前的楼盘销售中运用得较多，效果也较好。但是，随着销售模式的改变，现在DS运用得较少，常用于销售前期及销售淡季。作直销，最好直接找到目标客户，但此种可能性较小。因此，做直销时，业务员应先对自身作一简单介绍，再对项目作一简介。若对方并不感兴趣，则应留下资料礼貌地离开。若对方感兴趣，则可索取对方名片或联络方式，约其来售楼处作进一步洽谈。切记，除非对方有需要，否则不可在其工作场所作更详细的介绍。

2. 现场接待

现场接待作为销售环节中最为重要的工作，是为了客户上门做准备的。

(1) 迎接客户

1) 基本规范。①每一个看见客户进门的销售人员都应主动招呼"欢迎光临"，提醒其他销售人员注意。②销售人员立即上前，热情接待。③帮助客户收拾雨具、放置衣帽等。④通过随口招呼，区别客户真伪，了解客户来自的区域和信息获取的媒介（从何种媒介了解到本楼盘）。⑤询问客户是否与其他业务员联系过，如果是其他业务员的客户，请客户稍等，由该业务员接待；如果不是其他业务员的客户或该业务员不在，应热情为客户作介绍。

2) 注意事项。①销售人员应仪表端正，态度亲切。②接待客户或一人，或一主一辅，以二人为限。③若不是真正客户，也应照样提供一份资料，作简洁而又热情的招待。④没有客户时，也应注意现场整洁和个人仪表，以随时给客户留下良好印象。

(2) 介绍项目

礼貌的寒暄之后，可配合沙盘模型等作简单的项目讲解（如朝向、楼高、配置、环境等），使客户对项目形成一个大致的概念。

1) 基本规范。①交换名片，相互介绍，了解客户的个人资讯情况。②按照销售现场已经规划好的销售动线，配合灯箱、模型、样板间等销售道具，自然而又有重点地介绍产品（着重于地段、环境、交通、配套设施、房屋设计、主要建材等的说明）。

2) 注意事项。①此时侧重强调本楼盘的整体优点。②将自己的热忱与诚恳推销给客户，努力与其建立相互信任的关系。③通过交谈正确把握客户的真实需求，并据此迅速制定自己的应对策略。④当客户超过一人时，注意区分其中的决策者，把握他们相互间的关系。⑤在模型讲解过程中，可探询客户需求（如面积、购买意图等）。作完模型讲解后，可邀请客户参观样板间，在参观样板间的过程中，销售人员应对项目的优势作重点介绍，并迎合客户的喜好作一些辅助介绍。

(3) 参观现场

在售楼处作完基本介绍，并参观样板间后，应带领客户参观项目现场。

1) 基本规范。①结合工地现况和周边特征，边走边介绍。②按照房型图，让客户切实感觉自己所选的户别。③尽量多说，让客户始终被你所吸引。

2) 注意事项。①参观工地的路线应事先规划好，注意沿线的整洁与安全。②嘱咐客户戴好安全帽（看期房）及其他随身所带物品。

3. 谈判

（1）初步洽谈

样板间及现场参观完毕后，可引导客户到谈判区进行初步洽谈。

1）基本规范。①倒茶寒暄，引导客户在销售桌前入座，给其项目资料，并对项目的价格及付款方式作介绍。②在客户未主动表示时，应该立刻主动地选择一种户型作试探性介绍。③根据客户所喜欢的单元，在肯定的基础上，作更详尽的说明。④根据客户要求，计算出其满意的楼层单元的价格、首付款、月均还款及各种相关手续费用。⑤针对客户的疑惑点，进行相关解释，帮助其逐一克服购买障碍。⑥适时制造现场气氛，强化其购买欲望。⑦在客户对产品有70%的认可度的基础上，设法说服他下定金购买。

2）注意事项。①入座时，注意将客户安置在一个视野愉悦的便于控制的空间范围内。②个人的销售资料和销售工具应准备齐全，以随时应对客户的需要。③了解客户的真正需求和主要问题点。④销售人员在结合销售情况向客户提供户型和楼层时，应避免提供太多的选择。根据客户意向，一般提供两、三个楼层即可。⑤注意与现场同仁的交流与配合，让现场经理知道客户在看哪一户型。⑥注意判断客户的诚意、购买能力和成交概率。⑦现场气氛营造应该自然亲切，掌握火候。⑧对产品的解释不应有夸大、虚构的成分。⑨不是职权范围内的承诺应报现场经理通过。

（2）谈判

谈判是在客户已完全认同本物业各种情况之后进行的工作，其焦点主要集中在折扣及付款方式上。折扣问题上，客户通常会列举出周边一些物业的价格及折扣，此时销售人员应根据自身项目优势对比其他项目，详细向客户说明其所购物业的价格是一个合理的价格，并应根据实际情况，尽可能守住目前折扣，以留一些余地给销售主管，切忌一放到底。在付款方式上，一些客户会提出希望延迟交款及提交按揭资料时间，对此种要求，业务员应酌情处理，处理前应征求销售主管意见，无法解决时可由销售主管协助解决。

（3）暂未成交

1）基本规范。①将销售海报等资料备齐一份给客户，让其仔细考虑或代为传播。②再次告诉客户联系方式和联系电话，承诺为其作义务购房咨询。③对有意的客户再次约定看房时间。④送客至大门外或电梯间。

2）注意事项。①暂未成交或未成交的客户依旧是客户，销售人员都应态度亲切，始终如一。②及时分析暂未成交或未成交的真正原因，记录在案。③针对暂未成交或未成交的原因，报告现场经理，视具体情况，采取相应的补救措施。

4. 客户追踪

（1）填写客户资料表

1）基本规范。①无论成交与否，每接待完一组客户后，立刻填写客户资料表。②填写的重点：客户的联络方式和个人资讯；客户对产品的要求条件；成交或未成交的真正原因。③根据客户成交的可能性，将其分类为：很有希望、有希望、一般、希望渺茫四个等级，以便日后有重点地追踪寻访。④一联送交现场经理检查并备案建档，一联自己留存，以便日后追踪客户。

2）注意事项。①客户资料表应认真填写，越详尽越好。②客户资料表是销售人员的"聚宝盆"，应妥善保存。③客户等级应视具体情况，进行阶段性调整。④每天或每周，应由现场销售经理定时召开工作会议，依客户资料表检查销售情况，并采取相应的应对措施。

(2) 客户追踪

1）基本规范。①繁忙间隙，依客户等级与之联系，并随时向现场经理口头报告。②销售人员应将"很有希望"、"有希望"的客户，列为重点对象，与之保持密切联系，尽一切可能，努力说服。③将每一次追踪情况详细记录在案，便于日后分析判断。④无论最后是否成交，都要婉转要求客户帮忙介绍其他客户。

2）注意事项。①追踪客户要注意切入话题的选择，勿给客户造成销售不畅、死硬推销的印象等。②追踪客户要注意时间的间隔，一般以二、三天为宜。③注意追踪方式的变化，如可以打电话、寄资料、上门拜访、邀请参加促销活动等。

5. 签约

(1) 成交收定金

1）基本规范。客户决定购买并下定金时，利用销控对答来告诉现场经理，恭喜客户。视具体情况，收取客户小定金或大定金，并告诉客户对买卖双方的行为约束。①详尽解释定单填写的各项条款和内容。②收取定金，请客户、经办销售人员、现场经理三方签名确认。③填写完定单，将定单连同定金送交现场经理点收备案。④将定单第一联（客户联）交客户收执，并告诉客户于补足或签约时将定单带来。⑤确定定金补足日或签约日，并详细告诉客户各种注意事项和所需带齐的各类证件。⑥再次恭喜客户。⑦送客至大门外或电梯间。

2）注意事项。①与现场经理和其他销售人员密切配合，制造并维持现场气氛。②当客户对某套单元稍有兴趣或决定购买，但未带足资金时，鼓励客户支付小定金是一个行之有效的办法。③小定金金额不在于多，其主要目的是使客户牵挂自己的楼盘。④定金（大定金）为合约的一部分，如果客户违约，定金不退，如果开发商违约，就要向客户双倍返还定金。⑤定金收取金额的下限为1万元，上限为房屋总价款的20%，目的是确保客户最终签约成交。⑥定金保留日期一般以7天为限，超过时限，定金没收，所保留的单元将自由介绍给其他客户。⑦小定金或大定金的签约日之间的时间间隔应尽可能地短，以防各种节外生枝的情况发生。⑧折扣或其他附加条件，应报现场经理同意备案。⑨定单填写完后，再仔细检查户别、面积、总价、定金等是否正确。⑩收取的定金必须确实点收。

(2) 定金补足

1）基本规范。①定金栏内填写实收补足金额。②将约定补足日及应补金额栏划掉。③再次确定签约日期，将签约日期和签约金填写于定单上。④若重新开定单，大定金定单依据小定金定单的内容来填写。⑤详细告诉客户签约日的各种注意事项和所需带齐的各类证件。⑥恭喜客户，送客至大门外或电梯间。

2）注意事项。①在约定补足日前，再次与客户联系，确定日期并做好准备。②填写完后，再次检查户别、面积、总价、定金等是否正确。③将详尽情况向现场经理汇报备案。

（3）换户

1）基本规范。①定购房屋栏内，填写换户后的户别、面积、总价。②应补金额及签约金，若有变化，以换户后的户别为主。③于空白处注明哪一户换至哪一户。④其他内容同原定单。

2）注意事项。①填写完后，再次检查户别、面积、总价、定金、签约日等是否正确。②将原定单收回。

（4）签订合约

1）基本规范。①恭喜客户选择我们的房屋。②验对身份证原件，审核其购房资格。③出示商品房预售示范合同文本，逐条解释合同的主要条款。④与客户商讨并确定所有内容，在职权范围内作适当让步。⑤签约成交，并按合同规定收取第一期房款，同时相应抵扣已付定金。⑥将定单收回，交现场经理备案。⑦帮助客户办理登记备案和银行贷款事宜。⑧登记备案且办好银行贷款后，合同的一份应交给客户。⑨恭喜客户，送客至大门外或电梯间。

2）注意事项。①示范合同文本应事先准备好。②事先分析签约时可能发生的问题，向现场经理报告，研究解决的办法。③签约时，如客户有问题无法被说服，汇报给现场经理或更高一级主管。④签合同最好由购房户主自己填写具体条款，并一定要其本人签名盖章。⑤由他人代理签约，户主给予代理人的委托书最好经过公证。⑥解释合同条款时，在情感上应侧重于客户的立场，让其有认同感。⑦对签约后的合同，应迅速交房地产交易管理机构审核，并报房地产登记机构登记备案。⑧对于签约后的客户，应始终保持接触，帮助其解决各种问题并请其介绍客户。⑨若客户的问题无法解决而不能完成签约时，请客户先回去，另约时间，以时间换取双方的折让。⑩及时检查签约情况，若有问题，应采取相应的应对措施。

（5）退户

1）基本规范。①分析退户原因，明确是否可以退户。②报现场经理或更高一级主管确认，决定退户。③结清相关款项。④将作废合同收回，交公司留存备案。⑤生意不在情义在，送客至大门外或电梯间。

2）注意事项。①有关资金移转事项，均须由双方当事人签名认定。②若有争议无法解决，可提请仲裁机构调解或人民法院裁决。

6. 入住

（1）客户办理入住需提交的资料

1）合同副本。

2）已缴房款证明（收据或发票）。

3）身份证明（身份证或其他相关证件）。

4）交清房款尾款。

5）物业管理费（季或年）、公共维修基金。

6）装修质押金（可选项）、车位租金（可选项）。

（2）开发商对住户需提交的资料

1）房屋质量检验合格书。

2）房屋使用说明书。

3）物业管理公约（需每位客户与物业公司签字认可）。

4）验收项目说明书。

5）物业提供的物业管理收费标准。

（3）入住流程

1）开发商办理入住准备工作流程。竣工→测绘队验收→领取质检合格书→房屋使用说明书→发入住通知书。

2）客户办理入住流程。客户凭入住通知书、身份证明、合同副本、缴款证明到物业公司办理入住手续→开发商向客户出具房屋质量检验合格书、验收项目说明（可选项）、房屋使用说明书→客户补足房款总额→物业公司与客户签署物业管理公约→物业公司向客户提供物业管理收费标准→定租车位（可选项）→客户缴纳物业管理费（按物业公司要求季付或年付）、公共维修基金、车位租金（可选项）、装修质押金（可选项）→领取所购房屋钥匙。

【案例5】

金 凤 凰

2006年秋，"日照海滨教授花园"成为各大门户网站的焦点话题。9月25日，网易在新闻的头版头条以《300多北大教授山东日照购海景房》为题进行了报道，然后凤凰网、搜狐网、人民网等各大门户网站以及《北京青年报》等众多媒体相继进行了大量报道。

"日照海滨教授花园"一时间声名鹊起，引起了社会各界的极大关注。它的开发商山海天城建集团，是一家以中、高档住宅开发为主的小型房地产开发企业，年开发量仅仅20多万平方米，在业内没有什么知名度。但2006年秋发生的这件事说明，该公司的营销战略运作得相当成功。事实也正是如此。日照市作为新兴的海滨城市，在国内的知名度并不高，更不要说山海天城建集团这家小房地产公司了，可是他们却连续成功地开发了教授花园一、二、三期工程，种下的"梧桐树"，引来了三百名以北大教授为代表的"金凤凰"——教授花园业主入住园区。不仅如此，他们开发的房子有80%以上卖给了外地人，直接把日照的房价由每平方米1000多元拉升至每平方米4000多元，创造了2004年一年销售4个亿的日照市房地产销售新纪录。

教授花园的成功值得人们关注。

总结教授花园的成功营销管理经验，我们不难得出这样一个结论：一个楼盘能否对购房者产生吸引力，除了楼盘本身必须具备的基本质量外，营销管理是否到位往往能决定它在市场竞争中的成败。

一、客户是成功的关键

市场需求来源于客户，争夺的对象也是客户，因此，房地产营销就不能不研究客户了。该公司把"客户至上"作为其企业文化中最核心的组成部分，为客户提供增值服务是他们的工作目标。正是基于这样一种理念，教授花园赢得了以北大教授为代表的全国知名高校的老师们的青睐。2004年，单一个教授花园三期工程就实现了销售额过4亿元，创造了日照市房地产销售新高。

二、房地产营销管理的几条主要经验

1. 定位策略

在策划教授花园楼盘销售时，策划者们不是立足于本地消化，而是充分利用日照市的"阳光、沙滩、森林、大海"的优势，将市场定位于高知、学者、教授，因为这里的环境优势对他们最有吸引力。而且，在了解这一阶层的收入水平的基础上，采取了低价位定价策略，结果取得了巨大成功。即购买者为60％的这一定位人群中，80％的为非本地人。其中大部分是二次置业、休闲置业等投资者。

由于定位准确，通过价值取向的自然选择，教授花园无形中就形成了高尚住宅区，给予了居住在小区的人们一定的身份特征，业主通过购买、居住实现了归属感、荣誉感、自豪感。

2. 定价策略

定价，部分是艺术、部分是科学。该楼盘采用低价战略：入市时比较轻松，容易进入，能较快地启动市场。随后采用逐步提价策略，以标榜物业的出类拔萃、身份象征、完善功能、优良环境等，但不是盲目地漫天要价，而是以物超所值为限，因此风险较小。

教授花园是一个滨海社区，户户看海是该项目的一个卖点。因此该项目在楼层定价时，一反开发商通常确定标准楼层定位的方法，而是从一层起价，每高一层加价100元到300元不等。事实证明，这种创新做法得到了客户的认可，取得了很大成功。

3. 销售策略

教授花园一直坚持低容积率、高绿化率，注重生态建设。前建设部副部长、中房协会会长杨慎在参观了教授花园后，称赞这是真正的生态住宅。而教授花园三期在2004年成为山东省第一个通过评审的生态住宅示范小区，在2006年成为日照市第一个通过原建设部评审的康居示范工程。

楼盘的销售是一个专业性很强的工作，建立一支具有高水平推销策略和战术的专业队伍十分重要。房地产促销是要通过详细的介绍、生动的描述来塑造产品的形象，刺激顾客的购买欲。教授花园常用的促销方法有三种：一是在央视作品牌广告，在地方台作专题广告，在本地作形象广告。二是广泛参加房地产展销会，通过房地产商品的模型展览、设计图纸的介绍、散发宣传小册子等方法，引起客户的兴趣，刺激客户的购买欲。三是客户带动，通过了解客户的需求，以优秀的管理和周到的服务来影响客户，从而让老客户带来新客户。

4. 风险防范

如前所叙，由于房地产执行合同时间跨度大，建设周期长，期间会发生建材设备价格波动、政策因素影响、金融汇率变化等，如果没有一定的预见性，很可能预期利润会不翼而飞，甚至会出现亏损。因此，山海天城建集团在有关合同、财务的风险以及成本敏感性变化等方面都加强预测和防范，进行事前控制管理，从而确保了预期利润的安全实现。早在 2004 年，公司就投资 10 多万元引进房地产专业成本控制系统软件，加大了对房地产成本的过程监控，有效地对房地产风险加强了管理。

以上分析表明，教授花园能获得巨大的成功，绝非偶然。

【任务拓展】

(1) 开盘前的准备工作主要有哪些？

(2) 你认为销售人员的解说应该包括哪几个方面？

(3) 试比较功能楼书与形象楼书有何不同。

(4) 如何选择样板房位置？请说明理由。

(5) 结合你熟悉的楼盘，体会各阶段销售策略应用的效果。

(6) 房地产营销控制的主要内容有哪些？

(7) 请模拟为某房地产开发公司策划销售方案。

第三部分　房地产企业公共关系礼仪

任务 8

接 待 礼 仪

【任务目标】

(1) 掌握与人交往的基本礼节。

(2) 掌握接待他人时的礼节。

(3) 了解拜访他人、参加宴请的礼节。

(4) 学会得体的修饰。

(5) 了解仪表、仪态、仪容礼仪的规范，并正确运用于日常工作、生活中。

【任务背景】

为了搞好接待工作，刘小评通过市场调研，了解到房地产企业公共关系人员要注意日常社交礼节，接待人员要注重自身的仪表、仪态、仪容礼仪的规范。如此才能成为一名合格的接待人员。

过程 8.1　日常社交礼节

8.1.1　日常交际礼节

1. 称呼礼节

称呼礼节指服务接待人员在日常工作中与来宾交谈或沟通信息时应恰当使用

的称呼。

（1）最为普通的称呼是"先生"、"夫人"和"小姐"或"女士"。在使用时可与其姓氏搭配使用，如"李先生"、"王夫人"、"张小姐"等，这能表示对他们的熟悉和重视。

（2）遇有职位或职称的先生，可在"先生"一词前冠以职位或职称，如"董事长先生"、"教授先生"等。

（3）对于政府官员、外交使节或军队中的高级将领，最好再加上"阁下"二字，如"总统先生阁下"、"大使先生阁下"、"将军阁下"等，以表示尊敬。

（4）对于国王、王后等，则应称呼为"国王陛下"、"亲王陛下"、"王子殿下"、"公主殿下"。

（5）凡来自于我国互称"同志"国家的宾客，可用"同志"相称。有职衔的宾客应同时加上职衔为宜，如"团长同志"、"部长同志"等。

（6）切忌使用"喂"来招呼宾客。

2. 问候礼节

问候礼节指服务接待人员日常工作中根据时间、场合和对象，用不同的礼貌语言向宾客表示亲切的问候和关心。

（1）与宾客初次相见时应主动说："您好，欢迎光临!"一天中不同时间可以说："早上好!""下午好!""晚上好!"。

（2）根据工作情况需要，在用上述问候语的同时还可跟上："我能帮您做些什么?"或："需要我帮忙吗?"

（3）在接待外宾时，不仅要会用汉语表示对宾客的问候，而且还应掌握外语，按照外宾的习惯来表示问候，如："How do you do?"（只能用于初次见面时）

（4）在向宾客道别或送行时，也应注意问候礼节，可以说："晚安!""再会!""祝您一路平安!""欢迎再次光临!"等。

（5）宾客若患病或感觉不舒服时，则需要表示关心，可以说："请多保重!""是否要我去请医生?"等。

3. 应答礼节

应答礼节指接待服务中在回答宾客问话时的礼节。

（1）应答宾客的询问时要站立说话，不能坐着回答；要思想集中，认真聆听，不要东张西望；交谈过程中要真诚热情，平易稳重，不能假情假意，慌乱小气；交谈时要表情自然，语言适当得体，必要时适当作一些手势，有利于谈话的效果。

（2）如果宾客的谈话语速过快或未听清楚，可以亲切地说："对不起，请您说慢一点。""对不起，请您再说一遍好吗?"

（3）对于一时回答不了或回答不清的问题，可先向宾客致歉，待查询或请示后再向问询者作答。切不可不负责任地置之脑后。

（4）回答宾客的问题时还要做到语气婉转，声音大小适中，在众多宾客问询时要从容不迫地一一作答，不能只顾一位而冷落他人。

（5）对宾客的合理要求要尽量迅速作出答复，而对过分或无理的要求应婉言拒绝。如可以说："恐怕不行吧。""很抱歉，我无法满足您的这种要求。"等

（6）如果宾客称赞你的良好服务时，切忌在众人面前流露出沾沾自喜的样子，更不能手舞足蹈，而应保持冷静，谦逊地回答："谢谢您的夸奖！""这是我应该做的！"等等。

4. 迎送礼节

迎送礼节指礼仪接待服务人员在迎送宾客时的礼节。

（1）在迎送宾客时，应主动迎上去，一手打开车门，一手遮挡车门框上沿，以防宾客头部撞到车门框。对于老弱残幼的宾客，拉开车门后还要主动搀扶。

（2）对于重要的宾客，必要时应组织管理人员和服务人员在大厅或大门口列队迎送。

8.1.2 操作礼节

操作礼节指礼仪接待服务人员在日常业务工作中的礼节。

1. 引导

（1）为宾客引路时，应走在宾客的左前方，距离保持 2～3 步，随着客人的步伐轻松地前进。

（2）遇拐弯或台阶处，要回头向客人示意说："请当心。"

（3）引领客人时，应用"请跟我来""这边请""里边请"等礼貌用语。

（4）为宾客送行时，应在宾客的后方，距离约半步。

2. 电梯手势

（1）电梯到达时，应站到梯门旁边，一只手斜放在梯门上，手背朝外，以防梯门突然关闭，碰到宾客；另一只手微微抬起放在胸前，手心朝上，五指并拢，方向是电梯，并面带微笑地说："电梯来了，请进。"

（2）等宾客全部走进电梯后，才站进电梯，面向电梯门，一只手按电钮，另一只手的手心朝着电梯门，随着梯门的关闭而伸长。

（3）等梯门完全关闭，电梯开始上升时，转过身，与梯门呈 45°角，面向宾客，并用身体挡住电钮开关，使其呈隐蔽状态，防止宾客不小心碰到电钮。

（4）电梯即将停止时，要用一只手挡住梯门，避免宾客靠在梯门上，梯门完全打开时，首先出去站在梯门旁，一只手斜放在梯门上，另一只手的上臂与下臂呈135°角，五指并拢，手心向上，方向指向通道的出入口并面带微笑地说："×××到了，请走好。"

3. 沏茶

（1）先检查一下茶具，千万不能用没洗干净的茶杯或者缺口的茶杯。

（2）茶盘内放一块抹布，以便茶水溢出时擦拭。

（3）茶盘应与胸平齐，左手托盘，右手自然下垂。

（4）茶叶不可用手抓，上茶时不可从坐着的宾客头上越过。

（5）当走至宾客面前时，应一膝弯曲，右手从托盘上把茶端给客人；应先客

后主，先女士后男宾；如有外宾，则先送给外宾；注意走路轻、动作轻。

（6）当把杯子放好后，应立即转动一下，使得杯柄在右侧，以便客人端拿，并及时地说："请用茶。"

（7）沏茶时，应先一膝弯曲，然后打开杯盖，把茶杯拿起来注水；注水时，茶杯应轻拿轻放；打开杯盖，把杯盖放到桌上时，杯盖的内侧应该朝上，手不能碰到杯口和杯盖的内侧，以示卫生。

（8）杯盖开启、合盖要缓而轻，避免杯、盖相碰而发出响声。

8.1.3 拜访礼节

组织与组织的交往，除了更多采用大型集会、宴请等方式之外，有时采用小范围的拜访方式，也是十分灵活方便的。拜访的礼节，最重要的是在言谈举止中表现出恭敬的态度。

1. 礼貌周全

事先向主人询问可否前往拜访，何时去合适，并说明准备去多少人。一经约定时间，就必须准时到达约定的地点。见到主人及其家人，都应礼貌地问候致意。

（1）穿着要合适、整洁，进门后先将外套、围巾、帽子等放置好。

（2）坐姿要优雅，不可坐在主人的位子上或高于主人座位的地方。

（3）要吸烟时，必须先征得主人和旁边的女士同意。

（4）非经主人允许，不可参观主人的庭院、卧室；在主人的陪同下参观时，不要随意触动主人的书籍、陈设品和花草等。

（5）不可用脚去踢主人的猫、狗等宠物。

2. 不能安排太多的内容

公关拜访多属于礼节性的拜访，不能将公务谈判桌上没能解决的问题放到礼节性的拜访中来解决，不能将拜访的时间耽搁得太久。

3. 拜访的时间

一般安排在主人有空之时，具体为 10：00～16：00 时之间最合适，即使在晚上拜访，也不应超过 22：00 时（事先另有约定者例外）。

8.1.4 宴请礼节

宴请是主方为了表示欢迎、答谢、祝贺，为了融洽气氛、联络感情而精心组织的公共关系活动之一。常用的宴请形式可分为正式宴会、便宴和酒会。

正式宴会上，宴请的礼节既是约定俗成的惯例，又是每个赴宴者应有的气质和文化修养的体现。在整个宴会过程中，随时随处都要注意举止文明。

（1）由椅子的左边入座或离席。坐下时，上身不要紧靠椅背，也不要紧贴餐桌，双脚应踏在自己座位的下方，不要用双手托着下巴，将双臂肘撑在餐桌上，不必再用餐巾擦拭餐具，也不可玩弄桌上的精美餐具。

（2）主人致辞时，客人应停止进餐或交谈，并适时鼓掌。

（3）汤太烫时，要稍等候，不要急着用嘴去吹凉；吃食物时，不要发出声响；

嘴里有食物尚未咽下时，不可与人谈话；咳嗽或吐痰时，要离开餐桌，或用手帕掩住口鼻，将头扭向外侧。

（4）在进餐过程中，不可表现出狼吞虎咽的样子，也不可随意松开领带，更不可挽起袖子或脱下外衣。

（5）喝酒时，主方劝酒要适度；客方喝酒也要适度、节制，酒量应控制在自己平时酒量的1/3左右；端起酒杯后，应慢慢品尝，不可一饮而尽；不可一边喝酒、一边吸烟；不可将酒杯举到自己的眼前，透过酒杯看其他人；当服务员准备倒酒时，不会喝酒的人或不想喝酒的人，只要用手掌在杯子的上方作"平盖"的手势即可；敬酒时，应使自己的杯沿稍低于主人的杯沿，以示尊敬有礼。

（6）宴会中如果临时有异常情况，应沉着应付，不要手忙脚乱地扩大事态。例如，摔落餐具、碰倒邻座的酒杯、筷子，只需一边道歉，一边请服务员过来补送餐具就行了；如果把酒、汤、菜汁等泼洒在桌上，则应在道歉的同时，用餐巾适当擦拭。

（7）中途离席，应将餐巾放在自己的座位上；临近结束时，等主人宣布宴会结束，示意散席时，应将餐巾叠成小块放在盘子的右边。

（8）告别时，客人应真诚地向主人道谢，称赞菜肴丰盛、精美，宴会组织得好；主人应答谢客人的光临；主人送别客人时，应提醒客人注意是否有遗忘的衣物，并送出门外；客人应请主人留步，并握手道别。

8.1.5 服饰礼节

在社交场合，公共关系工作人员的衣着服饰能反映出组织对公众是否重视；公众能够从公共关系人员的服饰语言中认识组织，然后确定其对组织的情感和态度。因此，必须认真对待服饰问题。具体要求是：衣着整洁、合体、恰当、适时。

（1）公共关系人员出门时应根据公共关系活动的内容、规格、举办的季节、时间及个人身份等，选择合适的服饰，装扮要注意雅致庄重。最基本的是：不穿破的、脏的衣服出门，不卷袖子或裤脚。社交场合最适宜穿的、最基本的服装有三款：西装、中山装、旗袍。较随意一点的场合，也有三款基本的服装：夹克衫、猎装、连衣裙。

（2）男士穿西装时，要系领带，领带的颜色应与外衣颜色相配，里面穿长袖衬衣；如果穿中山装，要扣好风纪扣；长袖衬衣应塞进外裤里。女士的衣服颜色以上浅下深为宜；女士还要根据场合、情景来选择、佩戴饰品。出席比较隆重的公共关系活动时，佩戴合意的饰品是对公众的尊重，但一定要搭配合适，以"少而精"、"奇而美"为佳。

（3）如果是出席比较隆重的公共关系活动，则不论男士、女士，都以穿着上下同为深色、同为一种面料的服装为宜。如果组织有统一的制服，则更能体现出组织的内在凝聚力。在公关场合，切记不可奇装异服，也不必太华贵或太随意。女士的衣服不可太透明，裙子不能太短，以在膝上10～15cm为宜。在公众场合，不宜穿超短裙和挂肩细带露背裙。

公共关系工作人员在出门前，一定要有意识地考虑到，通过服饰的选择体现出自己的个性和组织的理念。例如，在颜色上，暖色可以显示热情、开朗、活泼；冷色则蕴含着冷静、理智、安恬；浅淡的颜色表示纯洁、淡雅；深重的颜色，可以预示华丽、成熟、稳重。身材高大、体态丰满的人，忌讳穿着衣料太厚或太薄的服装，而适宜穿着深色的、面料挺括的服装，要避免穿着过于紧身的毛织服装，而适宜穿着直条纹的、开门式宽敞领口的衣服；身材矮小体态轻盈的人，在穿着上的注意事项，则正好与身材高大的人相反。总而言之，只有当穿着服饰符合TPO（时间、场合、目标）的原则时，才能说是最恰当的。

过程 8.2　仪表、仪态和仪容

8.2.1　仪表礼

仪表，是指一个人的外貌、外表。从广义上讲，仪表是人的外在的特征和内在素质的有机统一，既是由人的容貌、姿态、衣着打扮、言谈举止、卫生习惯等先天性和习惯性的因素构成的外在特征，也是人的气质、性格特征、思想修养、道德修养、道德品质、生活情调、学识才智、审美修养等内在素质的反映。人际交往中，良好的仪表如同一份介绍自己的说明书，因此，仪表是一个不容忽视的交际因素。

1. 修饰仪表的意义

在人际交往中，修饰仪表具有一定的意义。

(1) 能够给人留下良好的第一印象

心理学研究表明，在人际交往中，一个人在与陌生人见面时，在最初的几秒钟内，就能给人留下深刻的印象，并使人对其作出评价，这靠的是强烈的第一印象。这个第一印象往往是在眼睛与观察对象的外表开始接触的一瞬间产生的。

(2) 仪表美是自尊自爱的表现

一个人的仪表端庄大方、整齐美观，体现出其精神风貌，也是自尊自爱的表现。衣冠不整、不修边幅的人，会给人留下作风拖沓、生活懒散、社会责任感不强的印象，难以得到别人的信任。仪表美还能给人以一种安全感，并体现出认真的作风和向上的精神风貌。

(3) 仪表美也是尊重他人的表现

注重仪表是讲礼节、有礼貌的表现，是对他人的尊重。按马斯洛需要层次理论，人有得到他人尊重的需要。仪表美使人们在思想上、感情上容易沟通，有利于增进相互的了解和友谊，在一定程度上起到调整人际关系的作用。

2. 仪表美的基本规则

修饰仪表，是为了做到仪表美。仪表美，有下列规则可循。

(1) 干净整洁

干净整洁是树立良好的个人形象的首要条件。一般来说，干净整洁有两个方面的要求：一是注重清洁卫生；二是在保持卫生的基础上树立整齐的形象，即精神振作、服装挺括，避免给人以凌乱、懒散之感。人际交往实际上就是彼此传递信息，所以整齐清洁会使他人感到愉悦，能缩短人与人之间的交往距离。

（2）打扮得体

穿着打扮必须以自身条件为依据，应该考虑容貌、身材。只有合体的穿着打扮，才能展现美感，否则只会使他人对自己感到别扭。衣着打扮得体也是一项基本要求，需要根据特定场合、地点、情绪和气氛来决定如何打扮。在社交中，每个人都充当特定的角色，如果仪表与身份、场合不符，就有损个人形象。

（3）强调和谐

人们常说和谐就是美，当一个人的仪表从整体上表现出和谐，并与周围的环境相称时，其审美观与涵养的分量就不言而喻了。一些人的仪表从某一个局部看很美，如俊秀的五官、优美的身材、考究的着装……然而，一旦从头到脚打量一番，却是一个牵强的拼凑，全身只是一片片被割裂的美，这是失败的仪表。真正懂得美的人，会综合考虑自身的相貌、身材、职业特点以及所处的环境等，用色彩、线条、款式将美协调地统一于一身，并与所处的环境相称，这样才有可能塑造出和谐美的形象。

（4）内外兼修

仪表美是人的内在美与外在美的统一。同一种穿着打扮在不同的人身上，可能会产生"形似神不似的感觉"。在对外形进行修饰的同时，应不断提高个人的文化、艺术素养和思想、道德水准，培养出高雅的气质和美好的心灵，使自己秀外慧中，表里如一，而不是做一个美丽的"花瓶"。

（5）自然大方

仪表既要修饰，又忌讳标新立异，简练、朴素、符合身份最好。庄重大方，斯文儒雅，不仅会给人以美感，而且易于使自己赢得他人的信任。相形之下，装扮过于华美或修饰，不仅会使人觉得刺眼，产生反感，也会破坏人的自然美。"清水出芙蓉，天然去雕饰"，人们最注重自然美。当然，自然大方绝不等同于过分随便、不修边幅。

3. 仪表美的规范

讲究仪表美不仅是设计美、创造美的过程，更重要的是人际交往中人们都必须遵守的礼仪规范。在长期的社会实践中，人们对仪表美的要求达成一些共识，并约定俗成为一种规范，主要包括以下几个方面。

（1）仪容

个人的仪容应做到整齐、干净。①应搞好个人卫生。即要注意保持身体清洁，做到勤洗头、勤洗澡、勤修指甲、勤修面，忌讳身体有异味、皮肤表层或指甲内有污垢。②注意保持口腔清洁，养成勤刷牙、勤漱口的卫生习惯，防止口腔异味。③注意勤换衣袜。尤其要注意保持领口、袖口、上衣前襟等易脏处的清洁，不洁净的袜子容易发出异味，尤其在炎热的夏天，更应当注意。④应树立整齐利落的形象。即要做到适时梳理头发，使发型整齐大方。

（2）服装

服装，对人类来说，蔽体御寒是其首要功能。随着社会的发展，人类走到物质文明高度发达的今天，服饰也从最初的树叶兽皮发展到多种面料，其内涵也从单纯的保暖得到了广泛的延伸。服装是人际交流中的一种无声语言。在社交活动中根据自身特点和特定场合，选择得体的服装，并穿出一定的品位，能使人增加几分魅力，给人留下良好的印象；否则，会降低人的身份，损害自身的形象。

（3）妆饰

常言道："三分长相，七分打扮。"化妆美容是现代人自我美化仪表的重要途径。男性一般不化妆，打扮以整理发型与修面为主，如适当使用少量男性用香水，也会显得儒雅不凡；女性化妆的浓淡，应根据场合与需要而定。

首饰是服饰的陪衬，通常起点缀作用。男士一般以戒指、手表、领带夹为主；女士饰物繁多，在工作场合不宜佩戴首饰（手表、戒指可例外），但在舞会、宴会等社交场合，则可以恰当佩戴，略加点缀，以增姿色。佩戴首饰应与脸型、服装协调，不宜同时戴多件。

需要说明的是，仪表美是一种整体美。真正懂得美的人，会将化妆、服装、首饰，甚至随身的围巾、皮包等，巧妙搭配，协调组合，表现出高雅脱俗的气质。要做到这一点，需要不断地借鉴、学习和实践。

8.2.2 仪态礼

仪态，是指人在行为中的姿势、风度。姿势是指身体呈现的样子，风度则是气质方面的表露。仪态包括日常的仪态和工作时的仪态。服务工作中的各种动作姿势要符合规范。

1. 体姿

体姿，是人的最基本的仪态，在此是指身体的站、坐、行的姿势。

（1）站姿

站立是人们日常交往中一种最基本的举止。其基本要求是："站如松。"

规范的站姿应该是：脖颈挺直，头顶上悬；下颌微收，双目平视前方，面带微笑；两肩放松，气下沉，自然呼吸；脊椎挺直，挺胸收腹肌，臀大肌微收缩并向上提，臀、腹部前后相夹；两腿并拢立直，髋部上提；两脚跟相靠，脚尖分开45°左右，身体重心在脚掌、脚弓上。

常见站姿主要有以下几种。

1）标准式。

男：左脚向左横迈一小步，两脚之间距离不超过肩宽，以20cm为宜，两脚尖与脚跟的距离相等，两手在腹前交叉，身体重心至两脚上，身体直立，注意不要挺腹或后仰。

女：两脚跟并拢，脚掌分开呈"V"字形，两膝并严，两腿直立，提髋立腰，吸腹收臀，挺胸抬头，下颌微收，双目平视，两手自然下垂。

2）工作站姿。

男：两脚跟并拢，脚尖展开 60°～70°，两手在身后交叉，挺胸立腰，下颌微收，双目平视。

女：两脚跟并拢，脚尖略展开，两手在体前相握，挺胸立腰，下颌微收，双目平视。

应避免的站姿：探脖、歪头、斜肩、弓背、挺腹、撅臀、曲腿；叉腰、两手抱胸或插入衣袋；身板依靠物体站立；身体晃动或脚抖动等。

（2）坐姿

坐是最常见的一种举止。其基本要求是："坐如钟。"

规范的坐姿应该是：上身正直，腰背稍靠椅背，两腿自然弯曲，两脚平落地面。坐姿中要根据凳面的高低及有无扶手，注意两手、两脚、两腿的正确摆法。

常见坐姿主要有以下几种。

1）标准式。

男：两脚、两膝不超过肩膀，小腿垂直于地面，两手合握于腹前。

女：坐下之前，要站到椅子前面合适的位置上，将左脚跟靠于右脚内侧中间部位，两脚尖展开 45°；两膝并拢；向下坐时，上身稍向前倾，两手（或一只手）将后面的衣裙拉好；坐下时，腰挺直。无论是着裙装还是着裤装，膝关节都必须靠拢，两小腿垂直于地面，两手在腹前交叉。

2）掖步。

男：左小腿曲回，脚掌着地，右脚前伸，两脚前后要在一条直线上；两手相合握于腹前。

女：左脚前伸，右小腿曲回，用脚掌着地，大腿靠紧，两脚前后要在一条直线上；两手交叉放于右腿上。

3）S步。

女：两膝并拢，两小腿向左斜伸出，左脚跟靠于右脚内侧中间部位，左脚脚掌内侧着地，右脚脚跟提起，脚掌着地；双手合握搭放在右腿上（也可做反方向动作）。

4）索步。

男：两脚交叉，小腿向后曲回，下面的脚脚掌撑地；两手合握于腿上。

女：在S步的基础上，右小腿稍向回曲，右脚绷直，脚掌内侧着地；左脚提起，挂在右脚踝关节处，两脚并严；上身左转 45°，胸部挺起（也可做反方向动作）。

应避免的坐姿："4"字形架腿、晃脚尖、脚有节奏地敲地面（给人以目中无人、傲慢的感觉）；两膝分得很开、腿伸得很远（不雅观）；起坐过猛，弄得坐椅乱响（不文雅）；上身不直，左右摇晃（显得没教养）；双脚藏在椅子下或勾住椅凳腿（显得小气欠大方）。

不论哪种坐姿，都应以坐姿文雅、坐得端庄、达到尊重他人和自重为目的，并给人以沉着、稳重、冷静的感觉，展现自己的气质和风范。

（3）行姿

行姿，即步态，是人体运动中的形体动作。基本要求是："行如风。"

规范的行姿应该是：身体重心稍向前倾，挺胸收腹，精神饱满；抬头，两眼平视前方，面带微笑；跨步均匀，两脚之间距离一只到一只半脚；步伐稳健、轻盈、自然；脚既不向里拐，也不向外撇；两臂放松，自然协调地前后摆动，手臂与身体的夹角一般在 $10°\sim15°$。

不同的场合，步态要有所区别，要同现实的情况相一致。在室内走，要轻而稳；在花园里散步，要轻而缓；在阅览室和病房里，要轻而缓；在婚礼上，要欢快、轻松；在丧礼上，则要沉重、缓慢。

应当避免的走姿：身体乱晃乱摆（给人缺少教养的印象）；步子太大或太小（太大身体易摇晃，不雅观；太小，不大方）；双手插入裤兜（让人觉得拘谨、小气）；双手反背在背后（给人以傲慢、呆板的感觉）。

人的良好的站态、坐态、行态，是人的自然形体在空间的形象显现。仪表、仪容、仪态是一个人的外表形象，是人的精神面貌的体现，再加上注意礼节、礼貌和言谈举止，就能给周围的人留下一个美好的印象，进而帮助人们获得交际、工作的成功。

2. 手势

手势是一种形体语言，如果运用得恰当、得体，会使人感到既含蓄高雅，又寓意明了。

规范标准的手势应是：五指伸直并拢，注意将拇指并严，腕关节伸直，手与前臂成直线；在做动作时，肘关节既不要成直角，也不要完全伸直，弯曲为 $140°$ 左右为宜；掌心斜上方，手掌与地面成 $45°$；运用手势时，应目视来宾，面带微笑。

几种常用手势的运用。

（1）请进

如迎接来宾时，可站在来宾的右侧，给宾客施鞠躬礼后，站成右丁字步。然后左手下垂，右手手指伸直并拢，从腹前抬起，向右横摆到身体斜右前方；微笑友好地目视来宾，直到宾客走过去，再放下手臂。

（2）请往前走

给来宾指引方向，用语言回答来宾询问的内容，并用手势指出方向或电梯的位置。将来宾带到适当地段，将手抬到与肩同高的位置，前臂伸直，用掌指向来宾要去的地方；眼睛要兼顾所指的方向和来宾，直到来宾表示清楚了，再把手臂放下，向后退一步，施鞠躬礼并说："请您走好。"

（3）里边请

当服务人员一只手拿着物品，或推扶房门、电梯门，并需引领来宾时，可用左手拿托盘或用左手将门扶住，两脚站成左丁字步；右手从身体的右斜前方抬起 $45°$，然后以肘关节为轴，前臂向左摆动成曲臂状，请来宾进去。

（4）请坐

服务人员接待来宾入座时，要用双手扶椅背将椅子拉出；然后一只手由前抬起，从上向下摆动到距身体45°处，使手臂向下形成一斜线，表示请来宾入座；当来宾在椅前站好时，服务人员用双手，将椅子往前放到合适的位置。

手势运用中容易产生的问题：

1）手指不伸直并拢，呈弯曲状；

2）手臂僵硬，缺乏弧度，显得生硬、机械；

3）动作速度太快，缺乏过渡，不能引起注意；

4）手势与面部表情、眼神配合不协调；

5）用手指指点点或乱点下颌来代替手势。

3. 表情

所谓表情，是指从面部或姿态的变化上表达内心的思想感情。一般情况下，表情应自然，目光要温和。男士要真诚，让人觉得可靠；女士要和蔼，让人觉得亲切。

（1）眼神

眼神是指人们在注视人或物时，眼部所进行的一系列活动，以及在这一过程中所呈现出来的神态。

人们在日常生活之中借助于眼神所传递出的信息，可被称为"眼语"。"眼语"的构成一般涉及时间、角度、部位、方式等方面。

1）时间。在人际交往中，尤其是在与熟人相处时，注视对方时间的长短，往往十分重要。在交谈中，听的一方通常应多注视说的一方。①表示友好。若对对方表示友好，则注视对方的时间应占全部相处时间的1/3左右为宜。②表示重视。若对对方表示关注，则注视对方的时间应占全部相处时间的2/3左右为宜。③表示轻视。若注视对方的时间不到相处全部时间的1/3，往往意味着瞧不起，或不感兴趣。④表示敌意。若注视对方的时间超过了全部相处时间的2/3，表示可能对对方抱有敌意，或是为了寻衅滋事。

2）角度。目光的角度，即在注视他人时目光发出的方向，是事关与交往对象亲疏远近的一个大问题。注视的常规角度有以下几种：①平视。也叫正视，即视线呈水平状态。一般适用于在普通场合与身份、地位平等的人进行交往。②侧视。它是一种特殊情况下的平视，即位居交往对象的一侧，面向对方，平视着对方。其关键在于面向对方，否则即为斜视对方，那是很不礼貌的。③仰视。即主动居于低处，抬眼向上注视他人。一般表示尊重、敬畏之意，适用于晚辈面对长辈的时候。④俯视。即眼睛向下注视他人，一般用于身居高处之时。一般表示对晚辈的宽容、怜爱，也可对他人表示轻慢、歧视。

3）部位。在人际交往中，目光所到之处，就是注视的部位。注视的常规部位如下：①双眼。注视对方双眼，表示自己聚精会神，一心一意，重视对方，但时间不宜过久。②额头。注视对方额头，表示严肃、认真、公事公办。它叫公务型注视，适宜用于公务活动之中。③眼部至唇部。注视这一区域，是社交场合面对交往对象时所用的常规方法，因此也叫社交型注视。④眼部至胸部。注视这一区域，表示亲近、友善，多用于关系密切的男女之间，故称亲密型注视。⑤眼部至裆部。它适用于注视距离较远的熟人，亦表示亲近、友善，故称远距离亲密型注视，但不适宜用于关系普通的异性。⑥任意部位。对他人身上的某一部位随意一瞥，可表示随意，也可表示敌意，它叫做随意型注视，多用于在公共场合注视陌生之人。

在一般情况下，与他人相处时，不宜注视其头顶、大腿、脚部与手部。对异性而言，通常不应注视其肩部以下，尤其是不应注视其胸部、裆部、腿部。

4）方式。注视他人，在社交场合可以有多种方式，最常见的有以下几种：①直视。即直接地注视交往对象，它表示认真、尊重，适宜于各种情况。若直视他人双眼，即称为对视，表明自己大方、坦诚，或是关注对方。②凝视。它是直视的一种特殊情况，即全神贯注地进行注视，多用以表示专注、恭敬。③盯视。即目不转睛、长时间地凝视某人的某一部位，表示出神或挑衅，故不宜多用。④虚视。它是相对于凝视而言的一种直视，其特点是目光不聚焦于某处，眼神不集中，大多表示胆怯、疑虑、走神、疲乏，或是失意、无聊。⑤环视。即有节奏地注视不同的人员或事物，表示认真、重视，适用于同时与多人打交道，表示自己"一视同仁"。

（2）笑容

在人际交往中，笑容是一种令人愉快的神态表情，它可以悦人，也可以悦己。面带微笑，真诚服务，这是服务接待工作者的基本要求。

1）笑的种类。微笑，是最常见也是人们最推崇的一种面部表情。一个人面部最具亲和力的表情就是微笑。微笑又可分为开口笑和含唇笑。①开口笑。是一种含笑较深的笑。它的特点是面部已有明显变化：唇部向上移动，略呈弧形，牙齿稍外露。它是一种典型的自得其乐、充实满足、知心会意、表示友好的笑。在人际交往中，其适用的范围最广泛。②含唇笑。是一种最浅的笑，它不出声、不露齿，仅是面含笑意，意在表示接受对方，待人友善。在人际交往中，其适用范围广泛。

此外，在日常生活中，还有轻笑、浅笑、大笑等。

笑，从直观上看，是人的眉、眼、鼻、口、齿以及面部肌肉和声音所进行的协调运动。笑的个性则在于具体的眉部、唇部、齿部、声音彼此之间的运作、配合，往往不尽相同。

笑的时候，应做到表里如一，令笑容与自己的举止、谈吐相辅相成。切勿脸上挂笑、出言不逊、举止粗鲁；或是语言高雅、举止得体，却面无笑意。这两种情况都会使自己的态度受到怀疑。

会笑的人，不仅要讲究笑时尽兴，而且更讲究笑时要精神饱满，气质典雅。真正的笑，应发自内心，所以它非常自然地反映着一个人的文化修养和精神追求。

2）笑容禁忌。①假笑。即笑得很假，皮笑肉不笑，它有悖于笑的真实性，不但毫无价值，还让人厌烦。②冷笑。即含有讽刺、挖苦、无可奈何、不屑一顾、不以为然等意味的笑，容易使人产生敌意。③怪笑。即笑得怪里怪气，多含有恐吓、嘲讽之意，令人十分反感。④媚笑。即有意讨好别人的笑，也非发自内心，而来自一定的功利性目的。⑤怯笑。即害羞或怯场的笑，如笑的时候以手掌遮掩口部，不敢与他人交流视线，甚至还会面红耳赤、语无伦次。⑥窃笑。即偷偷地笑，多表示洋洋自得、幸灾乐祸或看他人的笑话。⑦狞笑。即笑时面容凶恶，多表示愤怒、惊恐或吓唬他人。

8.2.3 仪容礼

仪容，指人的容貌。仪表风度之美，离不开容貌之美。一个人的长相得之于父母的遗传，它与每个人的学识、才华、事业成就并无直接必然联系，但对于一个人的生活、成长、事业确实又存在一定的影响。

据说，林肯的一位朋友向他推荐一个人入阁，林肯却没有任用他。这位朋友问其原因，林肯答道："我不喜欢他那副长相。"朋友惊诧地问："可是，你不是太过分了吗？他怎能对自己天生的面孔负责啊？"林肯道："不，一个人过了40岁就该对自己的面孔负责。"在林肯看来，一个人天生的容貌虽由不得自己，但长大以后，学识、教养、才气、内在精神、气质特征却是完全融合在身体里，表现在面容上的。

可见，人的容貌不完全是天生的，它需要适当的修饰，才会使之趋于完美。

个人修饰仪容时，应当引起注意的通常有以下几个方面。

1. 头发

修饰头发，应注意以下三个方面的问题。

（1）净发

头发是人们脸面之中的脸面，应当自觉地做好日常护理工作。不论有无交际活动，平日都要对自己的头发勤于梳洗。勤于梳洗头发，既有助于保养头发，也有助于消除异味。否则，弄得自己蓬头垢面，满头汗馊、油味，发屑随处可见，其个人形象是可想而知的。

（2）理发

虽说对于一个人头发的长短外人不便干预，但从社交礼仪和审美的角度看，也不可以一味地只讲自由与个性，而不讲规范。

从性别上看，男女有别，在头发的长度上便有所体现。一般认为，女士可以留短发，但很少理寸头；男士头发可以稍长，但不宜长发披肩，梳辫挽髻。

从身高上看，头发的长度，在一定程度上与个人身高有关。以女士留长发为例，头发的长度就应与身高成正比。一个矮个的女士若留长发过腰，会使自己显得更矮。

从年龄上看，人有长幼之分，头发的长度亦受此影响。飘逸披肩的秀发，是年轻女性的象征；70岁的老奶奶一般应该是偏短的发型。

从职业上看，职业对头发的长度影响很大。商界对头发的长度大都有明确限制：女士头发不宜长过肩部，必要时应以盘发、束发作为变通；男士不宜留鬓角、发帘，最好不要长于 7cm，即大致不触及衬衫领口。

（3）发型

发型，即头发的整体造型。在理发与修饰头发时，对此都不容回避。选择发型，除个人偏好可适当兼顾外，最重要的是考虑个人条件和所处场合。

个人条件包括发质、脸型、身高、胖瘦、年纪、着装、佩饰、性格等，上述条件中，脸型对发型的影响最大。选择发型时，一定要遵守适应自己的原则，使脸型与发型两者相互适应。

在社会生活里，人们的职业不同、身份不同、工作环境不同，发型自然也应有所不同。在工作场合抛头露面的人，发型应当传统、庄重、保守一些；在社交场合频频亮相的人，发型则应当个性、时尚、艺术一些。

2. 面容

仪容在很大程度上指的就是面容，由此可见，面容修饰在仪容修饰中是格外重要的。

修饰面容，首先要洗脸，使之干净清爽，无油垢、无汗渍、无泪痕、无不洁之物。修饰面容，需具体到各个部位。

（1）眼睛

1）保洁。这里主要是指眼部分泌物的及时清除问题。对于这一点，应随时注意。另外，若眼睛患有传染病，应自觉回避社交活动，以免让他人提心吊胆。

2）修眉。如果感到自己的眉形或眉毛不雅观，可以进行必要的修饰。但不提倡文眉，更不要剃去所有眉毛。

3）眼镜。戴眼镜不仅要美观、舒适、方便、安全，而且还应随时对其进行擦拭或清洗。

（2）耳朵

在洗澡、洗头、洗脸时，不要忘记洗一下耳朵。必要之时，还需清除耳孔之中不洁的分泌物，但不能在他人面前这么做。

有些人，特别是一些上了年纪的人，耳毛长得较快，甚至还会长出耳孔，在必要的时候，需对其进行修剪。

（3）鼻子

平时，应注意保持鼻腔清洁，不要让异物堵塞鼻孔，或是让鼻涕流淌。不要随处吸鼻子、擤鼻涕，更不要在他人面前挖鼻孔。参加社交应酬之前，不要忘记检查一下鼻毛是否长出鼻孔，一旦出现这种情况，应及时进行修剪。

（4）嘴巴

牙齿洁白，口腔无异味，是修饰上的基本要求。要做好这一点，需做到三要：一要每天定时在饭后刷牙，以去除异物、异味；二要经常采用爽口液、牙签、洗牙等方式方法保护牙齿；三要在重要应酬之前忌烟、酒、葱、蒜、韭菜等类气味刺鼻的东西。

（5）脖颈

脖颈与头部相连，属于面容的自然延伸部分。修饰脖颈，一是要防止其皮肤过早老化，与面容产生较大反差；二是要使之经常保持清洁卫生，不要只顾脸面，不顾其他，脸上干干净净，脖子上、尤其是脖后藏污纳垢，与脸部反差过大。

3. 手臂

在正常情况下，手臂是人际交往中动作最多的一个部分，而且其动作还往往被附加了多种多样的含义。

修饰手臂，可以分为手掌、肩臂与汗毛修饰三个方面。

（1）手掌

在日常生活中，手是接触其他人、其他物体最多的部位，出于清洁、卫生、健康的角度考虑，应当勤于清洁手。

手指甲应定期修剪，不要长时间不剪手指甲，使其看上去脏兮兮、黑糊糊的。尽量不要留长指甲，它不仅毫无实用价值，而且不美观、不卫生、不方便。修剪手指甲，应以使其长度不超过手指尖为宜。指甲外形不美时，亦可进行修饰。

（2）肩臂

修饰肩臂，最重要的就是：着装时肩臂的露与不露，应依照具体所处场合而定。在正式的政务、商务、学术、外交活动中，人们的手臂、尤其是肩部，不应当裸露在衣服之外。也就是说，在这些场合，不宜穿着半袖装或无袖装。而在其他一切非正式场合，则无此限制。

（3）汗毛

因个人生理条件的不同，有个别人手臂上汗毛长得过浓、过重或过长，特别有碍观瞻，最好是采用适当的方法进行脱毛。

在他人面前，尤其是在外人或异性面前，腋毛是不应让对方看见的。根据现代人着装的具体情况，女士要特别注意这一点。在正式场合，一定要牢记，不要穿着会令腋毛外露的服装。而在非正式场合，若打算穿着暴露腋窝的服装，则务必先行脱去或剃去腋毛。

4. 腿部

修饰腿部，应当注意脚部、腿部和汗毛。

（1）脚部

严格地说，在正式场合是不允许光脚穿鞋的。它既不美观，又有可能被人误会。在正常情况下，应注意保持脚部的卫生。鞋子、袜子要勤洗勤换，脚要每天洗，袜子则应每日一换。脚趾趾甲要勤于修剪，去除死趾甲，不应任其藏污纳垢，或是长于脚趾趾尖。

（2）腿部

在正式场合，不允许男士的着装暴露腿部，即男士不宜穿短裤。女士可以穿裙子，但也不宜穿短裤或是暴露大部分大腿的超短裙。在正式场合，女士的裙长应达膝部以下。女士在正式场合穿裙子时，不允许不穿袜子光着大腿，尤其不允许光着的大腿暴露于裙子之外。

在非正式的场合，特别是在休闲活动中，则无此规定。

（3）汗毛

男士成年以后，腿部汗毛大都过重，所以在正式场合下不允许其穿短裤，或是卷起裤管。女士若因内分泌失调导致腿部汗毛变得浓黑茂密时，则最好脱去或剃除，或是选择深色丝袜，加以掩饰。

5. 化妆

化妆，是修饰仪容的一种方法，它是指采用化妆品按一定技法对自己进行修饰、装扮，以便使自己的容貌变得更加靓丽。在人际交往中，进行适当的化妆是非常必要的。

（1）化妆的规则

进行化妆前，一定要树立正确的意识，即要遵循化妆的如下基本规则。

1）美化。化妆意在使人变得更加美丽，因此在化妆时要注意适度矫正、修饰得法。在化妆时不要自行其是、任意发挥、寻求新奇，有意无意将自己丑化、怪异化。

2）自然。化妆既要美化、生动，又要真实、自然。化妆的最高境界，是没有人工的痕迹，好似天然的美丽。

3）协调。高水平的化妆，强调的是其整体效果，所以在化妆时，应努力使妆面与全身、场合、身份协调统一。

（2）化妆的禁忌

化妆的下列禁忌，应当自觉避免。

1）不要当众进行化妆，应事先或是在专用的化妆间进行，否则有卖弄表现或吸引异性之嫌。

2）不要将自己的妆化得过浓、过重，香气四溢、令人窒息，这对他人会造成妨碍。

3）若妆面出现残缺，应及时避人补妆，若听任不理，会让人觉得低俗懒惰。

（3）化妆的方法

在现代女性的生活中，化妆已成为一项重要内容。掌握一些基本的化妆术，可以提高女性魅力，为女性的生活和工作增添光彩。

1）彻底清洁面部。其目的是洗净脸上的污物、清洁皮肤。

2）上化妆水。其目的是洁肤、润肤、紧肤和调理肌肤。

3）擦润肤霜。其目的是既滋润皮肤，又可隔离有色化妆品。

4）施粉底。其目的是使皮肤显得自然而有光泽，使化好的妆看起来细腻而有质感。干燥的皮肤宜选择液体粉底，特别是干燥且皮肤黯淡的可选择霜状粉底，中性或油性皮肤宜用特质粉底。试搽粉底时，要注意脸上的 T 形部位，即额头至鼻间的区域。这一部位通常油脂分泌较多，容易脱妆，所以要特别注意将粉底搽均匀。眼睑部位宜用冷霜涂抹，既保护眼部皮肤，又可防止化妆脱落。

5）扑粉。其目的是定妆，防止化妆脱落，并可抑制过度的油光。用大而松的粉扑取粉拍在脸上，多余的粉用干净的粉刷扫去。香粉要根据自身的肤色进行选择，白的皮肤可选择浅色粉饼；皮肤黝黑的可以选择小麦色粉饼。

6）上腮红。其目的是使脸部显得健康而有血色，脸型不够理想的也可以用腮红来调整。涂腮红时，应用粉刷取适合的腮红沿颧骨向鬓边轻刷成狭长的一条。脸型不够理想的，在刷好腮红后，还应用较深腮影遮盖缺陷。如两腮较大者，可用深色腮影刷出满意的脸型，并将突出的两腮用腮影遮盖；颧骨较高者，可在颧骨四周涂深色腮影，腮边及两鬓则可涂上浅色腮影。

7）眼部化妆。眼部化妆包括画眼线和涂眼影两部分。在日常生活的简单化妆中，可只画眼线，略去眼影这一步。

眼线可使眼睛看上去大而有神。眼线的基本画法是：沿眼睛轮廓，上眼线全画实，下眼线则从大眼睑离眼端 1/3 处画至眼尾，不能把眼睛的四周涂成黑黑的一圈。

根据情况的需要，可以在眼部涂上眼影，形成深邃动人的感觉。东方女子同西方女子相比，眼窝浅且多数人眼袋浮肿，因此不能照搬西方女子喜爱的蓝色、红色眼影。较适合的有珊瑚色、朱红色、橘色、灰色等。用眼影棒或粉刷取适合的眼影，轻轻沿 45°方向涂在上眼皮上并向眼尾处抹匀，可在眼头或眼尾处加以强调，以达到不同的效果。

画完眼线和眼影，可抹上睫毛油，使睫毛显得长密，眼睛明亮有神。

8）描眉。其目的是使眉毛更有形，从而衬托整个脸部。

9）勾画鼻侧影。其目的在于修正鼻形，使鼻梁挺拔。

10）描唇。用唇线笔先描唇形。若对唇形不满意，也要先用唇线笔画出理想的形状，再涂口红加以修正。为使涂上的口红不易脱落，可先涂一层口红，然后用面巾沾去浮色，再涂一层无色上光唇油，这样做还可以避免出现将口红印在餐具上的难堪局面。

【任务拓展】

（1）日常交际礼节有哪些？

（2）当你参加某房地产公司招聘会面试时，你第一次见到面试人员，你会选择什么样的礼节向你的面试者问候？

（3）你所在的房地产公司要接待一名较为重要的客人，请你设计一个规范的接待程序。

（4）什么是仪表、仪态、仪容？

（5）在老师的指导下，训练正确的站姿、坐姿、走姿和手势。

（6）在老师的指导下，练习化淡妆。

（7）假设，在一个春暖花开的春天，你要去一家房地产公司应聘，为自己包装一下吧！相信一个优雅自信的你，一定可以顺利通过面试。祝你成功！

第四部分 房地产企业公共关系文书

任务 9

社交礼仪文书

【任务目标】

(1) 了解书信的含义。

(2) 掌握专用书信的基本格式，能采用正确的格式书写介绍信、证明信、贺信、贺电、慰问信、感谢信、推荐信、求职信等专用书信。

(3) 了解各类公文的含义、写法。

(4) 能够撰写符合要求的报告、请示、通知、函。

(5) 了解各类礼仪文书的含义。

(6) 掌握各类礼仪文书的写法，能够写出符合要求的请柬、邀请书、聘书、祝词、欢迎词、答谢词。

【任务背景】

在任务 3～任务 8 中，为处理日常事务、解决具体问题，需要大量使用公文，以下就是刘小评通过查阅资料了解的有关应用文的知识。

社交礼仪公关文书是社会组织与公众交往过程中使用的各种礼仪性的书面材料或应用文。它是传播信息、沟通情感、发展友谊、加强合作等的重要工具和手段。

过程 9.1　专用书信

书信，是社会组织开展公共关系活动不可缺少的沟通媒介，是常用应用文之一，主要用于联系工作、商洽事务、交流感情。在公共关系活动中，常用的有介绍信、证明信、感谢信、推介书、求职信等，它们的写法各不相同。下面着重介绍一些常用书信的写法及应注意的问题。

9.1.1　介绍信、证明信

1. 介绍信

（1）介绍信的用途

为了便于联系工作，社会组织在派出公关人员与公众接洽时，往往要出具介绍信。介绍信的内容，主要是对接洽人员的姓名、职务、联系事项等作出介绍和证明。

（2）介绍信的格式

介绍信有相对固定的书写格式和印刷格式，尤其是印刷格式，内容上有相对不变的部分，开具介绍信时只需要把其中空白部分填写清楚。

普通介绍信包括以下格式内容：

1）标题。写上"介绍信"字样。

2）称谓。写联系的单位或个人。

3）正文。用"兹""今""现"等字作为起首，主要介绍被介绍人的姓名、身份、需要联系事宜等情况。

4）结尾。习惯用语一般为"请予接洽"、"请予协助"、"此致、敬礼"等。

5）落款。写明单位名称、日期、加盖公章，重要的还可注上有效日期。

【例文】

介　绍　信

××影剧院：

　　兹介绍我公司服务部×××同志前往贵院联系租用电影放映设备事宜，请接洽。

　　此致

敬礼

××房地产公司（盖章）

×年×月×日

2. 证明信

（1）证明信的用途

证明信通常被称为"证明"或者"证明书"，是用于证明有关人员的身份、经历、学历或其他有关事宜的真实性而使用的一种专用书信。

（2）证明信的格式

证明信包括以下格式内容。

1）标题。写上"证明信"或"证明"字样。

2）称谓。写受文的单位或个人。

3）正文。主要写清需要证明的问题。

4）结尾。通常以"特此证明"四字结束。

5）落款。署名、日期、加盖公章或证明人签名。

【例文】

证　明　信

××公司：

　　你公司×××同志，系××省×县人，现年××岁，确于2008年7月在我校房地产经营与估价专业毕业，情况属实。

　　特此证明。

××××学校（盖章）
×年×月×日

9.1.2　贺信、贺电

（1）贺信、贺电的用途

贺信、贺电是表示祝贺的专用公关文书。用文书形式表示的称贺信，用电文形式表示的称贺电。它们常用于以下几种情况。

1）会议祝贺。对某单位召开的具有重大影响的会议表示祝贺，颂扬大会的召开，预祝大会取得成功。

2）成果祝贺。对某人、某单位取得某项重大成果表示祝贺，对英模事迹、科研成果贡献等进行学习和鼓励。

3）寿辰祝贺。对重要领导人、科学家、社会名人等知名人士诞辰的祝贺，祝贺其功德、贡献，祝其健康长寿。

（2）贺信、贺电的格式

贺信、贺电包括以下格式内容。

1）标题。写上"贺信"或"贺电"字样。

2）称谓。写受祝贺的组织名称或个人姓名或职务。

3）正文。一般由祝贺缘由、颂扬、祝愿几个部分组成。肯定成绩，颂扬功德，表达祝愿和希望。

4）结尾。加祝颂语。

5）落款。写明发祝贺的组织名称或个人姓名以及日期。

贺电、贺信重在一个"贺"字，全文应以喜悦的心情、热烈的语言，进行庆祝恭贺，行文感情色彩浓厚，激励性很强。

【例文】

贺 电

××房地产公司女子排球队：

欣悉你们在我市排球联赛中夺取桂冠，为公司增添了荣誉，特向你们表示热烈祝贺！

我公司历来重视职工体育活动，坚持举办公司运动会、"健康身心一小时"群众体育活动等，增强职工的身心素质。公司不断规范和加强文体团队建设，聘请教练指导球队科学训练，提高技战术水平。

通过全体队员的共同努力，我公司在文体活动领域不断取得佳绩。今年，我公司女子排球队刻苦训练、精心备战、团结拼搏，一举夺冠，再次展现我公司职工良好的精神风貌和全面的综合素质。

成绩的取得，离不开广大队员的积极投入和顽强拼搏，同时也离不开我公司优良企业文化的感染熏陶、教练陪练的悉心指导和全公司广大职工的关心支持。女排的夺冠再次证明，"世上无难事，只要肯登攀！"凡事只有脚踏实地，努力拼搏，才能取得满意的成绩。

希望你们以此次夺冠为契机，认真总结经验，进一步加强团队自身建设，不断提高凝聚力和战斗力，不骄不躁，再创佳绩！

希望全体职工向女子排球队学习，以女排为榜样，锐意进取，勤奋工作！

××房地产公司

×年×月×日

贺 信
电贺××房地产公司成立 10 周年

××房地产公司：

值此××房地产公司成立 10 周年之际，谨致热烈祝贺！祝贵公司繁荣昌盛！愿贵我双方通过真诚合作，为我国房地产事业的发展起到更积极的作用！

××房地产公司

×年×月×日

9.1.3 慰问信、感谢信

1. 慰问信

（1）慰问信的用途

慰问信是以组织或个人的名义向对方表示慰问的公关文书。其使用的范围包括以下方面。

1）贡献问候。向作出重大贡献的组织与个人表示慰问，主要是肯定成绩，学习经验，激励前进。

2）节日问候。如向驻军或军人的家属等进行慰问，目的是表示社会的关心和节日的祝贺，以表达真切的情感。

3）灾难问候。向遭受重大灾难的组织或个人进行慰问，目的是同情、关心受难者，鼓励他们战胜困难。

（2）慰问信的格式

慰问信包括以下格式内容。

1）标题。写"慰问信"三个大字。

2）称谓。写慰问对象的组织名称或个人姓名或职务。

3）正文。先写发慰问的背景、缘由，接着表示亲切的慰问，再写对对方的贡献品德的钦佩与学习，或对对方遇到的困难表示同情关怀。

4）结尾。写祝贺（祝取得更大的成绩）或鼓励战胜困难的词语。

5）落款。写明发慰问的组织名称或个人姓名以及日期。

【例文】

给老师的慰问信

敬爱的李老师：

您好！

我毕业已经一年了，在和您分别的一年多的时间里，我非常想念您，教师节来临之际，我衷心地祝福您身体健康、工作顺利！

多年来，如果没有您的孜孜不倦的教诲，没有您苦口婆心的劝说，没有您像妈妈一样的关心，我恐怕也不会有今天的成绩。

您还记得吗，临近高考的日子里，我因为考试压力太大病了，连续几天的高烧使我不能来校上课。您为了不让我耽误学习，每天都要骑五十分钟的自行车来我家给我补课，开导我，疏解我的思想压力。可当时您的女儿也正面临着高考呀！每每想起这些，我都会热泪盈眶。

您为我们操碎了心。因为家里离校较远，我们不得不住校，又是您常常给我们带来好吃的东西；天气冷了，又拿来您女儿的衣服给我们穿，而且还常常叮嘱我们注意身体。看到您眼角边早早爬上来的细细的皱纹，我的内心深处就不由自主地涌上一股愧疚、依恋之情。

老师，我想对您说，您一定要注意身体，夜晚窗前的灯光不要亮得太久，不要让两鬓过早地被染白。

教师节来临之际，我再一次衷心地祝您节日快乐，身体健康，合家欢乐！

您的学生：××

×年×月×日

2. 感谢信

（1）感谢信的用途

为表示答谢对方的慰问、关心和支持而写的公关文书。其特点是：有鲜明的情感、诚恳的态度、具体的事实、色彩浓厚的礼貌性语言。

（2）感谢信的格式

感谢信包括以下格式内容。

1) 标题。写"感谢信"三个大字。

2) 称谓。写所感谢的组织名称或个人姓名或职务。

3) 正文。一般写感谢的缘由、感谢的具体事实以及热情的谢意和学习的态度。

4) 结尾。可写最诚挚的"致谢"或"敬礼"。

5) 落款。写明写感谢信的组织名称或个人姓名以及日期。

【例文】

感 谢 信

市歌舞团：

12 月 31 日晚，我公司在××小区组织了一次"元旦联欢活动"，为支持我公司的工作，你团在演出任务非常繁重的情况下，仍然抽调一批优秀演员来小区演出，让我们度过了一个欢乐、祥和的除夕夜。对此，我公司全体员工向你们表示衷心的感谢！

我们一定在党的领导下，热爱管区，加强管理，用优质服务，不断满足小区居民的需要，以实际行动回报你们的支持。

　此致

敬礼

××物业管理公司

×年×月×日

9.1.4　推荐信和求职信

（1）推荐信和求职信的用途

推荐信是向朋友或有关单位推荐相关人员的信函，是一种求职或求学的人所需要持有的材料。

求职信是求职人为了得到某种职位或职务，向有关的单位或领导"推销"自己、请求聘用的一种专用书信，可以说是"毛遂自荐"，因此求职信也可以叫做自荐信。

推荐信和求职信具有有明显针对性、目的性，篇幅适中，语言真诚的特点。

（2）推荐信和求职信的格式

推荐信和求职信包括以下格式内容。

1) 标题。写"推荐信"或"求职信"三个大字。

2) 称谓。可以写收信一方领导的姓名、称呼，或只写对方领导的职务，如"敬爱的××导师"、"尊敬的××经理"；求职信如果是面向某一单位，可以直接写出该单位称呼。

3) 正文。由开头、中段和结尾三部分构成。

推荐信的开头可以开门见山直接说所要说的事情，中段真实具体地介绍被推荐者的情况以及自己对被推荐者的评价，结尾再次表达自己希望录取被推荐者、办成此事的愿望，并向对方致以感激、祝福之情。

求职信的开头可以交代信息来源的渠道，可以说"自己希望加盟贵公司"一类的话，中段介绍自己的相关情况，结尾重申自己的求职动机。

4）结尾。把自己的迫切心情表达出来。

5）落款。写明推荐者、求职者的姓名以及日期。

6）附件。被推荐人、求职人有关履历表、获奖证书等。

【例文】

推 荐 信

尊敬的××经理：

现有我校房地产经营与管理专业学生××，于×年×月毕业，在校期间学习成绩优秀，专业实践能力较强。随母亲工作调动来到此地后，一直没有找到适合的工作，特来函介绍，希望贵公司能够录用。如果能使他找到一份理想工作，我将万分感激。

此致

敬礼

班主任：×××

×年×月×日

求 职 信

××房地产开发公司：

我是×××学校的一名应届毕业学生，贵公司较高的知名度和良好的美誉度我早就有所耳闻，因此慕名求职，真心希望能成为贵公司的一名员工。

我在校学习的是房地产经营与估价专业，学习成绩优秀，多次获得校优秀学生称号。同时，还经常深入企业参加社会实践，参加过××公司营销策划和××房屋的估价等。这些社会实践活动把我所学的理论知识与实践结合起来，增强了我的专业和社会适应能力。

如贵公司接受我，我会扎根贵公司，不辜负贵公司对我的赏识，盼望得到贵公司的答复。

附有关毕业证及获奖证复印件，敬请参考。

联系方式：

地址：×××区×××街×××号

邮编：××××××电话：1388×××××5

此致

敬礼

求职人：×××

×年×月×日

过程 9.2　常用公文

公文是公务文书的总称，是党政机关、团体组织、企事业单位用以传达、贯彻、发布命令、政策、法规和规章，请示和答复问题，指导和商谈工作，报告情况，交流经验的一种特定格式的文书。公文是公务活动中不可缺少的重要工具之一。

9.2.1　报告

（1）报告的性质及种类

报告是企业（或单位）向上级机关汇报工作、反映情况、提出建议、答复询问时所写的一种上行公文。它是一种重要的呈报性文件，广泛地运用于各系统各类型的公关部门中。社会组织及时上报情况，可以获得上级的指导、监督和支持，避免或减少公关失误。它还有助于领导机关了解下情、掌握动态、加强领导、调整决策。

报告的分类比较复杂。按照不同的标准，报告有很多种类。

按内容范围分，有综合性报告、专题性报告；按性质分，有工作报告、情况报告、递送报告和答复报告等；按时间分，有年度报告和月份报告等，还有定期和不定期报告。

（2）报告的写法

报告主要由标题、主送机关、正文和落款等组成。其标题一般由发文单位、事由和文种组成。主送机关是对所收报告负主要办理或答复责任的机关的通称，一般只应写一个主送机关。落款写发文单位和成文时间，加盖公章。

下面重点介绍一下报告正文的写法。

报告的正文一般由开头、主体和结语三部分构成。

1）开头。报告的开头要求简明扼要地说明为什么要写报告，即缘由或目的，然后用"现将主要情况报告如下"之类的过渡句过渡到主体。

2）主体。这是正文的重心所在，写的是报告的具体内容，包括基本情况、主要经验体会、存在问题及今后意见，以横式结构为主。内容较多时，也可以按事情的发展变化轨迹、认识处理问题的过程来写，用的则是纵式结构。

3）结语。往往用"特此报告"、"以上报告当否，请指示"，或"以上报告如无不妥，请批转有关单位执行"等语。有的报告也可不要结语。

报告在写作上有一个大体的章法，但类型不同，写法各异。写作时应掌握其大体章法，并能灵活应变。如工作报告的写法一般是：先简介基本工作情况，如开展工作的时间、背景和条件；再陈述主要成绩和经验体会，如工作的进展状况、所采取的措施、取得的成效，经验体会是对工作实践的理性认识，要从实际工作中概括出规律性的东西来，以便指导今后的工作；然后写存在的问题和基本教训，指出工作中的缺点和不足，分析工作失误的原因和值得吸取的教训；最后写今后打算。工作报告的内容必须以反映工作情况为主，对情况要有分析、有侧重，要说明看法和意见。一些递送报告，写法较简单，只说明随文上报什么材料或物品，请上级核查备案即可。答复上级查询的报告，应针对所查问题如实回复。

【例文】

××物业管理处关于开展"假如我是住户"活动的情况报告

××物业管理总公司：

今年5月，我处组织全体工作人员，开展了"假如我是住户"的活动。在活动中，邀请了住户对我处员工的工作态度、服务内容、服务质量、满意率、及时率等进行了评比打分。通过开展该项活动，对于提高我处的工作质量和管理服务水平起到了较好的推动作用。

一、增加了我处员工与住户的感情交流，改变了以往有些员工在工作中态度生硬的现象。

……

二、促进了工作不求上进的员工向工作先进的员工学习。

……

三、摸索到了一些管理经验。

……

特此报告

××物业管理处

×年×月×日

9.2.2 请示

（1）请示的性质

请示是用以向上级请求指示或批准有关事宜时使用的一种上行公文。

凡是企业无权解决或无力解决，需经上级决断的问题，都要向上级请示。所以，请示这一文种，在企业（或单位）中使用范围较广，使用频率较大。它虽然同报告一样都是上行公文，但报告是陈述情况的呈报性文件，请示却是请求指示的请求性文件，两者的性质截然不同，不能混为一谈。

（2）请示的写法

请示有请求指示、请求批准和请求批转的，其写法基本一致，结构相对稳定。除正文外，其结构形式与报告相同，但要注意，标题中的文种"请示"不能写为"请示报告"或"报告"。

请示正文一般由请示原由、请示事项和请示结语三部分构成。

1）请示原由。应简明扼要而充分地陈述请示的原因、依据，说明提出请示的必要性。这部分既要写得充分、具体、正确，又不能把问题涉及到的范围写得太广，时间追溯过长。

2）请示事项。即请求上级给予指示、批复的具体事项，是请示正文的重点。请示事项要具体，所提建议和要求要切实可行，用语要明确肯定，谦恭得体。这部分写好了，才便于上级下决心批准。

3）请示结语。常用"以上请示妥否，请批示"、"特此请示，请予以批复"、"请批准"或"以上意见如无不妥，请批转有关单位执行"等等。

（3）写作请示应注意的问题

1）内容应力求单一，"一事一文"，切忌把互不相关的几件事写在一个请示里。

2）请示不宜多头主送，多级主送，一般只主送一个上级机关，以免因责任不明或互相推诿影响办文效率和质量。请示还不宜越级上报。

3）请示与报告有明显区别：①两者的行文目的不同。请示旨在请求上级指示、批准，重在请示；报告旨在向上级汇报工作、反映情况、提出意见或答复询问，不要求上级回答，重在呈报。②两者的行文时间不同。请示必须在事前行文，待上级批复后才能着手办理；报告则一般在事后或事情进行过程中行文。③两者内容的侧重点不同。虽然都有情况陈述，但报告的侧重点是在汇报情况，不能夹带请示事项；请示中的情况陈述也只是作为请示的原因而出现，即使情况陈述所占的篇幅较大，其重点仍在请示事项上。④两者的受文机关处理方式不同。请示属于需要尽快办理的办件，收文机关必须及时批复；报告多属阅件，除需批转的建议报告外，收文机关对其他报告都可不作答复。因此，绝不能把向上级请求批准、指示的请示写成报告，也不能写为请示报告。

【例文】

××物业管理处关于解决停车位不足问题的请示

××物业管理总公司：

我处所接管的××住宅小区因近年来私家车的持有量不断增长，原有的停车位已明显不能满足现在和今后停车的需要。

原设计停车位有 100 个，而现今小区实有车辆为 198 辆。为解决停车位不足这一问题，我处在征求小区住户意见后，经研究意见如下：

一、对现有绿地进行缩减。缩减后绿地率由原来的 20％下降到 15％，可以增加停车位 70 余个。

二、对各种健身、游乐设施占地进行缩减。小区现有的各种健身、游乐设施绝大部分利用率极低，在保留一定数量的各种健身、游乐设施，其余进行缩减后，可以增加停车位 40 余个。

三、增加停车位的资金由我处自行解决。

以上意见当否，请审核批复。

××物业管理处
×年×月×日

9.2.3　通知

（1）通知的性质及种类

通知一般用于上级对所属下级指示、部署工作，阐明工作活动的指导原则和方法，传达上级的决定和指示，布置需要执行或办理的工作事项等。有指示性通知、告知性通知等。

（2）通知的写法

通知的正文应由通知的依据（原因、目的、意义）、主体、结尾三个部分组成。

1）依据。是用简单明了的语言说明为了解决什么问题要发此通知，然后用一句过渡语"现通知如下"或"特作如下通知"等转入主体部分。

2）主体。是通知的具体事项。内容比较复杂时，应分条、分段叙述，让人一目了然。

3）结尾。一般是提出要求，如"以上通知，望遵照执行"或用一般号召性文字提出希望和要求。有些通知，也可以没有结尾部分。

通知提出的要求应切合实际，语言表达要准确，文字要精练。对要求解决什么问题、为什么要解决这些问题、怎样去解决这些问题，要写得清楚明白。

【例文】

×× 市居住小区管理办公室
关于物业管理单位经理岗位培训的通知

各物业管理单位：

根据××部文件要求，物业管理企业经理采取定点培训。经研究决定，××培训中心、××为全国物业管理企业经理岗位培训指定单位。本市的物业管理单位经理可视自身情况，自行选择上述培训地点（见附件）。

已取得《××市物业管理资质合格证书》的物业管理单位中，除经理外，其他岗位的负责人，包括分公司经理、房管段（站）长、物业管理处主任、部门经理及房管员等必须参加我市组织的部门经理、管理人员岗位培训。具体时间地点另行通知。

附件（略）

××市居住小区管理办公室

×年×月×日

有些通知，如告知性通知写法比较简单。

【例文】

入 户 通 知 书

××先生（或女士）：

您好！

您所认购的×号楼×层××室，已经验收合格，准予入住。

（一）请您按照入户通知书、入户手续书、收楼须知和收费通知办理入住手续。办理时间为3月31日至4月2日，办理地点在××小区院内×号楼×门×号。在规定时间内，房地产开发公司财务部、地产部、物业管理公司等有关部门和单位将到现场集中办公。

（二）在办理手续前，请您仔细阅读收楼须知。如果您本人不能前来办理，可以委托他人代办，或在4月6日后到××路×号房地产开发公司办理手续，然后再到××路×号物业管理公司办理入住手续。

特此通知

××房地产开发公司

××物业管理公司

×年×月×日

9.2.4 函

（1）函的用途和性质

函是平行单位或者不隶属的单位之间，相互商洽工作，询问和答复问题，向有关主管部门请求批准的一种常用公文。

在一般情况下，函不具有指导作用和指示作用。但是向上级机关询问的重要问题所发的复函，也有指示作用，甚至可以作为处理问题的依据。因此，函的格式要求比较严格，行文也较审慎。

函的应用范围较广，凡是联系工作、商洽事情、询问情况、介绍人事、催办公务、答复问题都可使用这种函件。不仅单位之间常用，单位对个人也可以用，如答复群众的来信来访。

（2）函的写法

函实为一种关于公务的书信，其撰写格式与书信格式同。对单位一般要使用标题，表明性质或函的中心内容；正文主要写明复函的依据，答复的具体内容，以及复函、来函的原因及要求等；结尾与书信同，使用致敬语、署名、具时，还应加盖印章以示慎重。

【例文】

××物业管理公司关于选派工作人员进修的函

××大学：

我公司属新组建的物业管理公司，为提高工作人员的业务水平和操作能力，经研究决定选派×××、×××、×××三位同志分别到你校管理学院、计算机学院、建筑学院进修一年，进修费用按国家规定的标准，由我公司财务科统一一次付清。

能否接受，请予函复。

附件：三名技术人员情况登记表（略）

××物业管理公司

×年×月×日

过程9.3　礼仪文书

礼仪文书是政府、机关、企事业单位及个人在应酬、庆贺等礼仪活动中使用的用以沟通感情、增进友谊、改善关系，表现一定的礼节仪式的社交类文书。

9.3.1　请柬

（1）请柬的用途

请柬又称请帖，是邀请客人或嘉宾参加某项重要的、有意义的活动的礼仪性文书。主要用于纪念典礼喜庆活动、宴请活动、重要的文艺招待活动、展销活动、联谊活动、学术会、鉴定会等。主要作用是密切和协调主客方之间的友谊合作，礼貌性、礼节性很强，也很郑重。

（2）请柬的格式

请柬的格式内容包括：

1）标题。写上"请柬"两个大字。

2）称谓。应邀组织的名称或个人的姓名。

3）正文。写明活动的主要内容、时间、地点和邀请敬语"敬请光临"等。

4）落款。写明主办单位名称（并加盖公章）或个人的姓名以及发请柬的日期。

【例文】

请　　柬

××同志：

定于8月8日上午九时，在公司会议室召开公司成立10周年庆祝大会。敬请光临指导！

××房地产公司（盖章）

×年×月×日

9.3.2　邀请书

（1）邀请书的用途

邀请书是公共关系活动中传递感情、通报事务的一种便捷的联络文书。其内容往往是通知对方在什么时间、地点、参加什么活动或集会。

（2）邀请书的格式

邀请书的格式内容包括：

1）标题。写上"邀请书"三个大字。

2）称谓。应邀组织的名称或个人的姓名。

3）正文。写明活动的主要内容、时间、地点和邀请敬语。

4）落款。写明主办单位名称（并加盖公章）或个人的姓名以及发邀请书的日期。

【例文】

邀 请 书

××先生：

为了提高服务质量，改善管理环境，促进大家的相互理解，谨定于×月×日×时在我公司二楼会议室召开业主代表座谈会。特邀请你参加会议，并请发表意见，望准时出席为盼。

此致

敬礼

××物业管理公司（盖章）

×年×月×日

9.3.3 聘书

（1）聘书的用途

聘书又称聘请书，或聘任书，是聘请某人担任某组织的某种职务或承担某项工作任务时使用的一种文书。随着体制改革和人才交流的需要，在某项工作或某一岗位聘用他人任职的情况逐渐增多，聘书使用的频率也越来越高。

（2）聘书的格式

聘书的格式内容包括：

1）标题。写上"聘书"两个大字。

2）称谓。写应聘者的姓名及称呼，如："××教授"、"××总经理"。

3）正文。写聘请的缘由、聘任的职务或聘任的工作及其职责、任期、待遇等。末尾写敬语或祝颂的话。

4）落款。写明聘请单位、日期，再加盖公章。

【例文】

聘 书

××教授：

为提高我公司的策划水平，本公司成立了房地产营销策划研究小组，特聘请

××教授为该研究小组的学术顾问，指导该研究小组的研究工作。

此致

敬礼

××房地产公司（盖章）

总经理：×××（盖章）

×年×月×日

9.3.4　祝词

（1）祝词的用途

祝词就是祝贺之词，是在欢庆节日、祝寿、酒宴以及社会团体和企事业单位举行隆重庆典时，领导人或主人向来宾表示欢迎、祝贺的礼仪性文书。

（2）祝词的格式

祝词的格式内容一般由标题、称谓、正文和落款四部分组成。

1）标题。主要构成方式有：①由致词者、致词场合和文种构成。②由致词对象和致词内容构成。③由致词场合和文种构成。④第一行正中直接写"祝词"二字。

2）称谓。写祝贺对象的姓名、称呼。

3）正文。写祝贺的内容。因为祝词的种类较多，所以不同类型的祝词正文内容不同。①祝酒词。先对来宾表示欢迎和感谢；然后回顾双方的友好关系，热情赞扬双方的真挚友情；最后提出祝愿和希望。结语的句式为："为……干杯！"②祝寿词。先祝愿对方幸福健康长寿；再赞颂他已取得的辉煌成绩和作出的巨大贡献；最后再次表示祝福。③祝婚嫁词。首先对新婚夫妻表示祝贺，祝愿他们夫妻恩爱、生活幸福、白头到老；然后提出希望，希望他们孝敬父母、与家人搞好团结、携手并肩搞好工作等；最后再次表示衷心的祝贺。④祝事业词。首先向受词方致意，说明祝贺何项事业；然后回顾受词方取得的成绩，也可写此项事业的意义、影响；最后展望美好前景，再次表示祝贺。

4）落款。署上致词单位名称或致词人姓名及日期。

【例文】

××房地产公司年会祝酒词

尊敬的嘉宾、朋友和××房地产公司的全体同仁们：

大家晚上好！

首先，我代表××房地产公司感谢各位嘉宾、各位朋友对××房地产公司一贯的支持和帮助！

其次，要感谢××房地产公司的全体员工！是你们的努力和敬业使××房地产公司取得了今天的成绩。还要感谢你们的家人，正是由于有了他们在背后的默默支持、鼓励以及帮助，才使得你们能全身心地投入工作，他们是当之无愧的幕后英雄。值此新春来临之际，祝你们家庭和睦！身体健康！新春快乐！幸福如意！

在过去的一年里，我们公司涌现了大批的优秀员工，我感谢他们在各自的岗位上作出的榜样！祝愿他们在新的一年再接再厉，取得更大的成绩！还要感谢战斗在全国各地、异地他乡的一线员工，是他们的努力使我们公司开发的住宅受到更多消费者青睐。在这里，我要对他们说声：你们辛苦了。

2008年，在各界朋友的大力支持下，在全体员工的共同努力下，××房地产公司取得了可喜的成绩，可以说是一个丰收年：实现营业收入200.3亿元，实现净利润25.4亿元，同比分别增长90.3％和100.8％。

××房地产公司的未来是非常美好的，让我们携手共进，打造出一个欣欣向荣的国际型企业！

现在，我提议：请大家举杯，

为××房地产公司美好的明天，

为在座各位的事业辉煌、身体健康、家庭幸福，

干杯！

9.3.5 欢迎词、答谢词

1. 欢迎词

（1）欢迎词的用途

欢迎词是在迎接宾客的仪式、会议、宴会上，主人对宾客的到来表示欢迎的致词。在公关实务活动中，当宾客来访、参观或领导视察指导工作时，社会组织或专业公关人员应致词欢迎，表示主人对客人的热烈欢迎和尊重。

（2）欢迎词的格式

欢迎词包括以下几项格式内容：

1）标题。一般写"欢迎词"三个字，也可以写成致词人、致词场合、文种三个要素组成的标题。如"××总经理在××会开幕式上的欢迎词"。

2）称谓。写对欢迎对象的称呼。人名要用全称，在姓名前常冠以"尊敬的"、"亲爱的"、"敬爱的"等词语，姓名后常加上"先生"、"阁下"、"同志"等词语。

3）正文。首先代表组织对宾客的到来表示热烈的欢迎，如"我代表……对各位的光临表示热烈的欢迎"；然后介绍组织与活动，叙述双方交往的历史与友谊、合作的成果以及新的发展关系与合作的愿望；最后祝愿宾客活动取得圆满成功，身体健康、愉快。

欢迎词重在"欢迎"二字，字里行间应洋溢着热情、大方、亲切、友善的情感。在赞扬和肯定友谊时，可运用修辞手法，使欢迎词有文采，并做到生动、口语化。欢迎词力求简短。

【例文】

欢 迎 词

女士们、先生们：

值此××房地产公司成立10周年欢庆之际，请允许我代表××房地产公司，

并以我个人的名义，向远道而来的贵宾们表示热烈的欢迎！

朋友们不顾路途遥远专来贺喜，为我公司 10 周年庆祝更增添了一份热烈和祥和，我由衷地感到高兴，并对朋友们为增进双方友好关系作出努力的行动，表示诚挚的谢意！

今天在座的各位来宾中，有许多是我们的老朋友，我们之间有着良好的合作关系。我公司成立 10 周年能取得今天的成绩，离不开老朋友们的真诚合作和大力支持。对此，我们表示由衷的钦佩和感谢。同时，我们也为能有幸结识来自全国各地的新朋友感到十分高兴。

在此，我谨再次向新朋友们表示热烈欢迎，并希望能与新朋友们密切协作，发展相互间的友好合作关系。

"有朋自远方来，不亦乐乎"。在此新朋老友相会之际，我提议：

为今后我们之间的进一步合作，

为我们之间日益增进的友谊，

为朋友们的健康幸福，

干杯！

另外，与欢迎词写法类似的还有欢送词，只是正文的内容有所区别。

2. 答谢词

（1）答谢词的用途

答谢词是在欢迎会、欢送会或受奖、喜庆宴会上，对欢迎和帮助过自己的有关组织表示感谢的致词。在公关实务活动中，当自己组织的内部工作或外部活动受到有关组织的关心、支持，从而取得成绩时，或自己的组织与工作受到有关组织的嘉奖时，在相关的场合或会议上，由组织领导人或相关人员出面致答谢词表示感谢。答谢词通常与欢迎词相对应，也可单独使用。

（2）答谢词的格式

答谢词的格式内容与欢迎词大致相同。

1）标题。一般用"答谢词"三个字，也可用"××（人）在××（场合）的答谢词"。

2）称谓。被答谢方的组织名称或个人的姓名或职务。

3）正文。首先对有关组织的关心、支持表示感谢；再对对方工作成绩表示赞赏，并表示对发展双边关系与合作的愿望与打算；结尾时再次表示衷心的感谢。

答谢词重在"答谢"二字，字里行间应洋溢着感激之情，措辞要真诚。答谢词往往与欢迎词等相对应，其对象和内容针对性强，写作时文字不多，注意不要空泛。

【例文】

答 谢 词

尊敬的××先生：

尊敬的××集团公司的朋友们：

首先，请允许我代表全团成员对于××先生及××集团公司对我们的盛情接待表示衷心的感谢!

我们一行五人代表××公司首次来贵地访问,此次来访时间虽短,但收获颇大。仅三天时间,我们对贵地的房地产业有了比较全面的了解,与贵公司建立了友好的开发合作关系,并成功地洽谈了房地产项目合作事宜。这一切,都得益于主人的真诚合作和大力支持。对此,我们表示衷心的感谢!

房地产业是新兴的产业,蒸蒸日上,有着广阔的发展前景。贵公司拥有一支由房地产策划、经营、开发组成的专家队伍,技术力量相当雄厚,我们有幸与贵公司建立了友好的合作关系,为我公司房地产业的发展提供了新的契机,必将推动我公司迈上一个新台阶。

最后,我代表××公司再次向××集团公司表示感谢,并祝贵公司迅猛发展,再创奇迹!更希望彼此继续加强合作,共创明天!

最后,我提议:

为我们之间正式建立友好合作关系,

为今后我们之间的密切合作,

干杯!

【任务拓展】

(1)××房地产公司于 2008 年 10 月 12 日派李明、张强两位同志前往广东××电梯制造厂洽谈业务,请以××房地产公司的名义给李明、张强两位同志开具介绍信和证明信。

(2)××公司成立 30 周年,你所在的房地产公司与该公司有长期的合作关系,请代公司总经理给该公司写一封贺信或发一封贺电。

(3)张敏,女,18 岁,毕业于某中专房地产经营与估价专业,一天,正准备找工作的她在报纸上看到了一则××房地产公司招聘营销人员的广告,于是她想去应聘,请代张敏写一则求职信。

(4)请对你所在城市居民进行调查,为××房地产公司拟写一份住户对房屋需求情况的调查报告。

(5)××房地产公司今年成立 20 周年,公司准备举行隆重庆祝活动,请你根据活动安排拟写请柬、邀请书、祝词、欢迎词、答谢词。

参 考 文 献

［1］ 郭惠民 . 公关员 . 北京：中国劳动社会保障出版社，2006.
［2］ 魏翠芬，王连廷 . 公共关系理论与实务 . 北京：清华大学出版社，北京：交通大学出版社，2007.
［3］ 金正昆 . 现代礼仪 . 北京：北京师范大学出版社，2006.
［4］ 张可君 . 公关与礼仪修养 . 北京：人民教育出版社，2006.
［5］ 王德中 . 管理学 . 成都：西南财经大学出版社，2008.
［6］ 张旭辉，罗忠科 . 房地产市场营销 . 北京：中国建筑工业出版社，2005.
［7］ 张旭辉，李文静 . 公共关系基础 . 北京：中国建筑工业出版社，2005.